WOHN *Styling* im Winter

Lifestyle
BUSSE SEEWALD

Originalausgabe: Warm Winter Wohnen

© 2008 Uitgeverij Unieboek, The Nederlands

Text, Styling und Konzept: Diny Koolhaas

Fotografie: Johan van Groenedaal, Diny Koolhaas

Umschlaggestaltung: Lian Hendrickx; Teo van Gerwen Design

Design: Loes Vlemmix; Teo van Gerwen Design

Deutsche Ausgabe:

© Verlag BusseSeewald GmbH, Herford, 2009

Übersetzung: Petra Scheltinga, NL-Enschede

Satz: LL Fotosatz GmbH, Hiddenhausen

Herstellung: Mohn media Mohndruck GmbH, Gütersloh

ISBN 978-3-512-03333-9

Inhalt

Einleitung ... 4

Schlichter, ländlicher Stil — Glanz & Glamour ... 7
- Veranda in Herbstfarben ... 9
- Festtafel - modern und antik ... 21
- Wintertafel in ländlicher Eleganz ... 33

Romantischer, dekorativer Stil — Trend & Poesie ... 45
- Weihnachtshaus in poetischem Weiß ... 47
- Winterlunch im Gartenzimmer ... 57

Country-Stil pur — Traditionen & Folklore ... 71
- Waldhütte in einer weißen Winterwelt ... 73
- Weihnachtshaus im Nordlicht ... 85

Moderner Stil — Natur & Inspiration ... 95
- „Ökodekoration" für Drinnen und Draußen ... 97
- Schnelle Festdekorationen in neuem Rot ... 109
- Winterterrasse mit Blumenideen ... 119
- Winternachtstraum ... 129

Grenzenloser Stil — Exotisch & persönlich ... 141
- Dessertbuffet aus Tausendundeiner Nacht ... 143
- Stilmix in einem Winterhaus ... 153

Einleitung

WOHNStyling im Winter ist ein Wohnerlebnisbuch, das sich dem Schmücken und Dekorieren von Haus, Garten, Terrasse und Balkon in der herbstlichen und winterlichen Jahreszeit widmet. Die Herbst- und Wintermonate sind die Zeit der Essenseinladungen und Feste, von Weihnachten und Neujahr – schöne Augenblicke, die man mit Familie und Freunden verbringt. Wenn die Tage wieder kürzer werden und es draußen früh dunkel wird, kommt der Wunsch, es sich im Haus gemütlich zu machen, ganz von selbst. Andere Vorhänge, neue Kissen, nette Akzente und etwas Glanz, Glitter und Glamour bringen Ihr Haus in eine schöne Winterstimmung. Mit den richtigen Dekorationen kann man schnell und einfach Variationen in der Einrichtung anbringen und eine andere Stimmung kreieren. Das Heim der Jahreszeit entsprechend formen und schöne Bilder und Stillleben gestalten, die man betrachten und auch bewohnen kann, erhöht das Wohnvergnügen. Außerdem wird es immer beliebter, auch die Außenbereiche des Hauses und den Garten zu dekorieren. Der zusätzliche Raum draußen ist eine Erweiterung des Wohnzimmers, wo man bis weit in den Herbst und während der Wintermonate das Leben im Freien genießen kann. Richten Sie ihn bequem ein mit wetterfesten Möbeln, dazu Feuerkörbe, Terrassenöfen und behagliche Plaids, die einen warmhalten. Stimmungsvolle, der Jahreszeit entsprechende Dekorationen verleihen dem Außenzimmer, dem Balkon oder der Terrasse eine behagliche winterliche Ausstrahlung.

Der gegenwärtige Trend beim Wohnen und Dekorieren ist eigensinnig, wobei Dinge aus Vergangenheit und Gegenwart, Stile und Stimmungen zu einem spannenden Gesamtbild kombiniert werden. Heutzutage ist beim Wohnen der persönliche Geschmack von großer Wichtigkeit. Wie man wohnt, ist – wie die Kleidung – eine Art, sich von anderen zu unterscheiden. Es geht darum, sich in seinem Haus wohl zu fühlen. Die Personalisierung der Einrichtung ist ein Lebensstil, bei dem Kreativität, Originalität und Wohlbefinden die Schlüsselworte sind. Im Prinzip also ein modernes Heimat-Gefühl.

Für mich ist Wohnstyling vor allem Dekorieren. Dekorationen machen die Einrichtung persönlich, ein bisschen anders und deshalb außergewöhnlich. Der Herbst und der Winter mit der Weihnachtszeit sind die Jahreszeiten, um großzügig Verschönerungen vorzunehmen, den Tisch festlich zu decken und Haus und Garten auf natürliche Weise zu schmücken.

In diesem Buch werden fünf Wohnstile und darin insgesamt dreizehn unterschiedliche Stimmungen beschrieben. Ich möchte zeigen, wie man drinnen und draußen stilvoll, verspielt, verträumt, glamourös, modern und traditionell mit gekauften und selbstgemachten Dekorationen Winterstimmung schaffen kann. Ein Mix

aus alt und neu, teuer und fast umsonst und von Kontrasten in Material und Strukturen.

Dieses Buch wäre nicht vollständig ohne Tischstyling, denn ein festlich gedeckter Tisch gehört zu Weihnachten und ist ein warmer Willkommensgruß für die Gäste. Tischstyling ist auf jeden Fall auch dekorieren: was für ein Tischtuch wählt man, und welches Service kommt auf den Tisch? Wird es elegant oder darf es etwas lockerer sein? In diesem Buch möchte ich zeigen, wie man mit Stoffen, Geschirr, Blumen und Farben besondere Festtafeln kreieren kann. Die Kombination verschiedener Services und ungewöhnliche Verbindungen von Mustern, Stilen, Farben und Dessins sorgen für einen überraschenden Effekt. Daneben gibt es auch Beispiele für Tische, die komplett in einem Stil gehalten und einfach dekoriert sind.

Da ein Dinner von Anfang bis Ende perfekt sein sollte, wurde dem Foodstyling besondere Aufmerksamkeit gewidmet: Das Verzieren, Dekorieren und Präsentieren von Desserts, Gebäck und Leckereien.

In jedem Kapitel werden Rezepte internationaler Gebäck- und Dessertklassiker vorgestellt. Torten, Kuchen, Pudding, Obst und Schokolade, von einfach und schnell zu machen bis zu etwas arbeitsintensiveren Rezepten (in der Beschreibung einfach zu erkennen: * steht für einfach, ** steht für nicht einfach, aber auch nicht schwierig, *** steht für schwierig). Ich hoffe, dass ich mit diesem Buch etwas von meiner Leidenschaft für Wohnen und Dekorieren weitergeben und Sie dazu inspirieren kann, sich selbst ans Werk zu machen.

Viel Spaß beim Lesen und Betrachten der Fotos, und viel Erfolg!

Diny Koolhaas

Schlichter, ländlicher Stil

Glanz & Glamour

- Veranda in Herbstfarben
- Festtafel – modern und antik
- Wintertafel in ländlicher Eleganz

Im Herbst, wenn die Tage kürzer werden und die Blätter sich von Grün über Orange ins Braune verfärben, kann man einen schönen, sonnigen Tag noch herrlich im Freien genießen. Die meisten Pflanzen sind jetzt verblüht, und man riecht den Duft von Herbstblättern und Moos. Der Herbst ist eine schöne Jahreszeit.

Auf einer Veranda kann man noch herrlich nachsommern und die letzten warmen Sonnenstrahlen genießen. Unter der Überdachung sitzt man gut geschützt, ein bisschen drinnen und trotzdem noch genug im Freien.

Veranda in Herbstfarben

Und wenn es etwas frisch wird, kann man mit einer Terrassenheizung und einem gemütlich warmen Plaid noch lange nach dem Sonnenuntergang draußen sitzen.

Dies ist ein **Herbsttag,**

wie ich keinen sah!

Die **Luft** ist still,

als **atmete** man kaum,

Und dennoch fallen

rascheln, fern und nah,

Die schönsten Früchte

ab von jedem **Baum.**

Aus „Herbstlied"

von Friedrich Hebbel (1813-1863)

Die Veranda für ein Fest im Freien

Mit einer Veranda oder einem Gartenzimmer kreiert man viel Stimmung und verleiht dem Haus zusätzliche Ausstrahlung. Stellen Sie einen großen Tisch und bequeme Stühle auf, und Sie haben ein weiteres Zimmer, in dem Sie bis weit in den Herbst hinein den Aufenthalt im Freien genießen können – ein feiner Wohnraum, um sich eben mit einem Glas Wein und einem guten Buch zurück zu ziehen, oder um mit Familie und Freunden um den großen Tisch zu sitzen: essen, reden und lachen.

Dieses zusätzliche Außenzimmer ist beliebt, denn es sorgt an allen Fronten für viel extra Gartenfreude. Und an einem schönen sonnigen Herbsttag ist die Veranda der Ort schlechthin, um ein Fest im Freien oder ein Essen zu geben.

① **Das Knallen des Korkens** ist ein festliches Geräusch, aber bei einer Flasche Schaumwein sollten man das besser lassen, da sonst zu viel Kohlensäure verloren geht. Am besten dreht man den Korken vorsichtig mit einem Seufzer aus dem Flaschenhals. ② **Als Abschluss eines Essens** kann man einen lieblichen Dessertwein ausschenken, aber wenn der Nachtisch bereits recht süß ist, empfiehlt sich eher ein frischer, moussierender Wein, zum Beispiel ein trockener Prosecco.

Das Glas, aus dem der Wein getrunken wird, beeinflusst den Geschmack: nehmen Sie darum für einen Dessertwein ein Glas mit einem hohen Kelch und für einen Prosecco eine schmale, hohe Sektflöte, in der der Wein länger perlt.

Die Präsentation dieser Mandeltorte ist einfach und trotzdem stilvoll. Der weiße, flache Teller hat die Form einer Blüte und bildet zusammen mit dem dazu passenden, quadratischen Unterteller ein hübsches Arrangement. Um der Torte das gewisse Etwas zu verleihen, wurden als Garnierung weiße Fondantsplitter darauf gestreut. Sie können den Fondant fertig kaufen, aber auch sehr einfach selbst machen (siehe Rezept Seite 19).

Schlicht, stilvoll und harmonisch

Diese Veranda an der Rückseite des Hauses ist nach einem schönen, stilvollen Entwurf gebaut, der ganz zum Baustil des Hauses passt.

Oben ist sie durch den breiten Fensterrand teilweise geschlossen. Die kleinen, quadratischen Fenster mit Fensterkreuzen sorgen für eine besondere Ausstrahlung. Die Terrasse der Veranda wird von einem weißen Holzzaun gesäumt. Da der Zaun etwas nach außen versetzt ist und an den Seiten teilweise offen gehalten wurde, hat man von der Veranda aus an drei Stellen Zugang zum Garten. Dies ist nicht nur praktisch, sondern ergibt auch ein schönes Gesamtbild.

Der lange Tisch mit der Granitplatte bietet Platz für acht geräumige Korbstühle. Diese Materialien sind robust und können im Sommer und im Winter draußen stehen. Die Kombination aus Materialsorten, Strukturen und den verwendeten Farben - die weiß gestrichenen Holzteile, das Anthrazitgrau des Tisches, die dunkelgrauen Steinplatten auf dem Fussboden und das braungraue Flechtmaterial der Korbstühle – ergibt einen schlichten und ruhigen Gesamteindruck. Die natürlichen Farbtöne fügen sich mit den braunen Herbstfarben der Bäume und Pflanzen und dem bleibenden Wintergrün im Garten zu einem Ganzen zusammen.

① Auf diesem Foto kann man gut sehen, dass die Veranda etwas breiter als das Haus gebaut ist und dass der Zaun versetzt aufgestellt wurde.
② Diese Hortensie Hydrangea Arborescens ‚Annabelle' hat im Sommer kugelrunde, weiße Blütendolden, die sich im Herbst über Moosgrün zu einem muskatnussbraunen Ton verfärben. Schneiden Sie die Blumen im Herbst nicht ab, dann haben Sie den ganzen Winter noch Freude daran. Um starke, feste Blüten zu erhalten, muss die ‚Annabelle' nach dem Winter auf 40 cm Höhe zurückgeschnitten werden. ③ In der Dachkonstruktion wurde eine Lichtkuppel angebracht, durch die besonders viel Tageslicht hineinfällt. So ist es im Haus auch an trüben Tagen hell.

Ein Tisch wie ein herbstlicher Wald

Der Tischschmuck für das Essen im Freien ist in den Farbtönen der Möbel und des Gartens gehalten. Grau, Braun, Grün und verschiedene Weißtöne geben hier den Ton an. Die herbstliche Stimmung setzt sich in der Tischdekoration fort: kleine Mooskissen, große Tannenzapfen und Kastanien sind stimmungsvolle, natürliche Materialien, die dem Tisch eine echte Herbstausstrahlung verleihen.

Für viel Effekt sorgen die großen weißen Kunststoffvasen mit einem üppigen Winterstrauß. Zwischen den Vasen stehen Keramikwindlichter, die noch mehr Stimmung verbreiten.

Dekorieren

Eine schöne Blumendekoration ist ein Blickfang auf Ihrer Festtafel. Diese lange Tafel für acht Personen braucht einen großen Strauß. Indem Sie die Blumen und Zweige auf zwei Vasen verteilen, gestalten Sie ein üppiges Bukett, das doch nicht zu kolossal wirkt. Die hohen weißen Kunststoffvasen werden so mit den Zweigen ineinandergeschoben, dass ein luftiges Ganzes entsteht. Der Strauß bildet zusammen mit den Mooskissen, Tannenzapfen, Kastanien und Windlichtern eine langgestreckte Tischdekoration, um die herum noch genug Platz ist für die Getränke, Desserts und die Gäste selbst. Schön ist die Kombination von verschiedenen Weißtönen der Amaryllisblumen und Eiszweige mit dem frischen Grün des Apfellaubs und der Lärchenzweige mit einem Hauch von Silber. Wenn man frisches Blattgrün mit Seidenblumen und Kunststoffzweigen kombiniert, hält der Strauß lang und kann auch einfach draußen unter dem Dach stehenbleiben.

Material:

1 kräftige Apfelzweige

2 beschneite Kunststoffzweige

ein paar schöne Baumzweige

2 gefrostete Lärchenzweige (Kunststoff)

4 unregelmäßige Weidenzweige

3 Amaryllisblumen (Seide)

Arbeitsanleitung:

Eine Innenvase mit etwas Wasser in die Vase stellen.

Apfelzweige in der Vase anordnen. Die beschneiten Zweige und die Baumzweige dazwischen stecken. Danach die Lärchenzweige so in die Vase stecken, dass sie etwas herunterhängen.

Die Weidenzweige und zum Schluss die Blumen über den Strauß verteilen.

Die Vasen so hinstellen, dass sich die Zweige ineinander schieben; der Effekt ist dann ein großes räumliches Arrangement.

Vanille-Fondantplätzchen ✶

Zutaten:

500 g Kristallzucker

200 g Schlagsahne

1 dl Wasser

1 Vanilleschote

Zubereitung:

Die Ausstechförmchen anfeuchten und auf Backpapier legen.

Zucker und Sahne in einem Topf mit dem Wasser vermischen und zum Kochen bringen.

Die Vanilleschote der Länge nach durchschneiden und das Mark in eine Schüssel geben. Die heiße Zuckermasse dazugeben. Die Mischung mit einem Holzlöffel verrühren, bis sie gerade noch gießbar ist.

Die Mischung in die Förmchen gießen und ca. eine Stunde abkühlen lassen.

In einer gut verschlossenen Dose können die Fondantplätzchen wochenlang aufbewahrt werden.

Der Fondant wird hier zum Garnieren einer fertigen Mandel-Schokoladen-Torte verwendet.

Wenn die Tage kürzer werden und es draußen wieder früh dunkel ist, machen wir es im Haus gemütlich und stimmungsvoll.

Das Ende des Jahres ist die Zeit, um mit Familie und Freunden zusammen zu sein. Ein stimmungsvolles Essen mit den Menschen, die man gern hat, ist besonders festlich mit einem schön gedeckten Tisch. Eine Tischdekoration, bei der man sich Mühe gegeben hat, ist wie ein warmer Willkommensgruß. Und zum Empfang steht der rosa Champagner in den verzierten Gläsern bereit. Prosit!

Festtafel – modern & antik

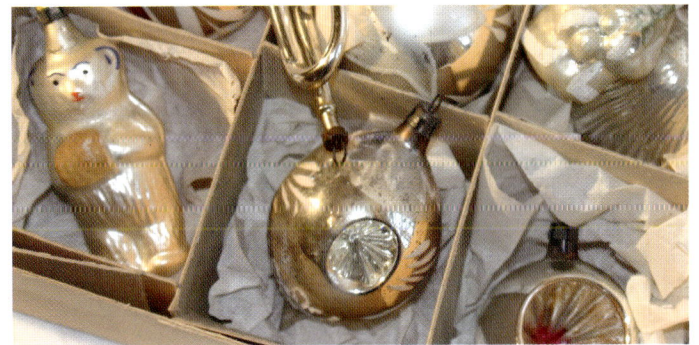

‚Die Flasche ist entkorkt,
Nehmt alle eure Gläser,
damit das Fest beginnen kann!'

Ideen für spektakuläre Begrüßungsdrinks

Champagner schmeckt pur schon lecker, aber mit ein paar Früchten und Fantasie machen Sie die herrlichsten Champagnercocktails für den guten Anfang eines strahlenden Abends.

Kir Royal: einen Teelöffel Crème de Cassis in ein hohes Glas oder eine Sektschale geben und mit Champagner auffüllen. Man kann auch einen trockenen Weißwein verwenden, dann heißt das Getränk einfach Kir.

Veilchenchampagner: einen Esslöffel Veilchensirup in ein Glas geben und mit Champagner auffüllen. Mit gezuckerten Veilchen oder echten Veilchen garnieren.

Rosenchampagner: Die Gläser mit dem Rand in etwas Zitronensaft und danach in feinen Kristallzucker tauchen, so dass ein schöner Zuckerrand entsteht. Einen Esslöffel Rosensirup in ein Glas geben und mit Champagner auffüllen. Mit einer Rispe rote Johannisbeeren garnieren.

Champagne Napoléon: einen Schuss Mandarine Napoléon und einen Schuss frischen Orangensaft in ein Glas geben und mit gekühltem Champagner auffüllen. Zum Garnieren einen Cocktailsticker mit einem Stückchen Mandarine (aus der Dose) und ein paar Streifen kandierte Orangenschale auf den Glasrand legen.

Champagne Provence: ein Stück Würfelzucker und ein paar frische Pfefferminzblätter in ein Glas geben und zerkleinern, damit der Pfefferminzgeschmack intensiver wird. Mit Champagner auffüllen, umrühren und mit ein paar Pfefferminzblättern garnieren.

Tipp Echter Champagner ist ziemlich teuer, deshalb können diese Cocktails auch mit Sekt oder Prosecco zubereitet werden. Das schmeckt auch sehr gut und perlt genauso schön.

Tipp Spülen Sie die Gläser mit kaltem Wasser ab und legen Sie diese dann 20 Minuten in die Gefriertruhe. Das Getränk bleibt dann länger kühl, und die Eisschicht auf dem Glas funkelt besonders schön.

① **Von früher:** Nostalgischer Weihnachtsschmuck erinnert an die Weihnachtszeit früher zu Hause. Die antiken Glasfiguren sind hauchzart und handbemalt. Der Ursprung der geblasenen Weihnachtsfiguren und Christbaumkugeln liegt im Osten Deutschlands. Die Kunst des Glasblasens wurde von talentierten Glasbläsern von einer Generation zur nächsten weitergegeben, und noch heute werden die nostalgischen Weihnachtsfiguren in dieser authentischen Weise hergestellt.
Der Glasbläser beginnt mit einer Hohlkugel mit spitz zulaufendem Ende, einer Art Stiel. Die Kugel wird in der heißen Flamme rotglühend erhitzt, und danach bläst der Glasbläser die Kugel in eine Porzellanform, bis das Glas die Gestalt der Form annimmt. Nach dem Abkühlen wird das Figürchen aus der Form genommen, und nachdem es zum zweiten Mal erhitzt wurde, wird der Stiel abgebrochen. Wenn das Ornament vollständig abgekühlt ist, wird es an der Innenseite versilbert und im Ofen getrocknet. Danach kann es bemalt werden. Jede Farbe wird einzeln aufgetragen, was viel Kunstfertigkeit des Malers erfordert.
Für zusätzlichen Glanz wird noch etwas Flitter aufgetragen. Die Ornamente gibt es in allerlei Formen, wie zum Beispiel Glöckchen, Häuschen, Fliegenpilze, Trauben und Vögelchen, die alle ihre eigene Bedeutung und Symbolik haben. So stehen zum Beispiel Vögelchen für Freude und

Neu und klassisch

Ein harmonisches Interieur entsteht mit schönen Möbeln und Accessoires, die durch den Gebrauch im Lauf der Jahre immer schöner werden. Dieses Esszimmer ist modern und zeitlos eingerichtet mit einem schlichten Teakholztisch und Esszimmerstühlen mit anthrazitgrauen Hussen. Die zwei weißen Hängelampen nebeneinander betonen den modernen Stil. Das Ergebnis ist ein stimmungsvoller, zeitloser Hintergrund für besondere Essenseinladungen. Auf dieser Grundlage können Sie mit der Tischdekoration in alle Richtungen gehen. Mit den entsprechenden Accessoires können Sie den Akzent mehr in Richtung Design verschieben oder mit antikem Geschirr, Silberbesteck und Kristallgläsern einen Kontrast kreieren. Zu einem antiken Service gehören zierliche Schüsseln mit Deckel, Suppenterrinen und Saucieren. Dieses weiße, goldgeränderte Empireservice (Empire ist eine Stilrichtung zwischen 1820 und 1840) hat eine geometrische Form. Die Knöpfe und Henkel sind mit einem Blattrelief abgerundet. Schönes altes Geschirr kann man auf Antiquitätenmärkten aufstöbern, und auch im Internet findet man besondere Adressen dafür. Die Grundfarben der Einrichtung sind dunkelgrau, weiß und naturell. Diese ruhigen Farben sind eine gute Basis für die lebhafte Tischdekoration, ohne dass es zu viel des Guten ist. Neben dem Rot und Gold sorgt der sorbetrosa Ton der Etagere für einen unerwartet fröhlichen und jugendlichen Akzent.

Dieser gedeckte Tisch ist in einer festlichen Winterstimmung gehalten, und ein einzelnes, subtiles Detail wie die Namensschilder mit Christbaumkugeldekoration bringt auch noch einen Hauch von Weihnachten mit hinein.

Glück, und Fliegenpilze stellen Hoffnung und Glück für das kommende Jahr dar.
Alter Weihnachtsschmuck ist sehr zerbrechlich und aus dünnerem Glas als die heutigen Objekte. Auch die Farben der alten Kugeln und Figürchen sind anders: schöne, verblassende Farben und kleine Beschädigungen, die den Ornamenten ihren Charme verleihen.
② Die Sets aus weißem Leinen sind mit einem Blumenmotiv aus Silberfäden bestickt. Ein paar Kerzen auf dem Tisch verstärken die festliche Stimmung. ③ Die Namensschilder sind aus Weihnachtskarten mit einer Reliefdekoration ausgeschnitten. Schreiben Sie mit einem feinen schwarzen Filzstift die Namen der Gäste darauf und stanzen Sie mit dem Locher oben ein Loch für das Band, mit dem das Kärtchen an das Glas gebunden wird.

Bitte alle zu Tisch

Der Esstisch ist der gemütliche Mittelpunkt des Hauses, der Platz, an dem man stundenlang reden und einander zuhören und vor allem das leckere Abendessen genießen kann.

Das Tischdecken beginnt mit einem schönen Tischtuch oder verzierten Läufern für einen besonderen Akzent. Die üppige Tafel ist für sechs Personen mit einem mit Silberfäden bestickten Leinenläufer und dazu passenden Sets gedeckt. Das goldgeränderte Service und das Silberbesteck sind antik. Durch den Kontrast der Materialien Holz und Stoff, der ruhigen und kräftigen Farben und dem Mix der Stilrichtungen Modern und Klassisch ist die Ausstrahlung der Tafel luxuriös und dennoch ungezwungen.

① Farblich passend und fast zu schön zum Verzehren sind diese Schaumkränzchen, Schokoladenschneemänner und Pralinenblüten. Durch den geschickten Einsatz der Farben kann man verschiedene Stilrichtungen so zusammenzubringen, dass sie ein Ganzes bilden. Grau, weiß, rot, rosa und gold bilden hier die Farbzutaten. Desserts, Torten und gefärbte Schokolade eignen sich gut, um die Farbgestaltung der Tafel konsequent durchzuführen. Legen Sie vorher fest, in welchen Farben die Tafel gehalten werden soll und kaufen Sie dazu passende Leckereien für das Dessert. ② Flaschen mit einem Verschluss, der mit schönen Perlen verziert ist, sehen sehr festlich aus. ③ Im 17. Jahrhundert nahm noch jeder sein eigenes Besteck mit, wenn er zum Essen eingeladen wurde. Im 18. Jahrhundert wurde es dann üblich, dass der Gastgeber genug Besteck für seine Gäste im Hause hatte. Dieses Silberbesteck ist eine Variation des Stils, der in den Königshäusern am Ende des 19. Jahrhunderts verbreitet war; der Griff ist mit einem eingestanzten Relief verziert.

Tipp Verwenden Sie die Schüsseln, Terrinen und Saucieren des Services auch zum Anrichten und Servieren des Desserts. Hier wird der Erdbeersalat in einer Sauciere serviert.

Tipp Für ein Blumengesteck in einer Schale, bei dem die Stiele gekürzt werden müssen, kann man die Blumen am Besten in nassen Steckschaum stecken; frische Blumen halten dann auch 14 Tage. Außerdem kann man so die Form leichter festlegen. Bei Rosen die Stiele schräg anschneiden und die Dornen entfernen, dann können sie mehr Wasser aufnehmen.

Spielerische Variationen

Für eine spielerische und subtile Tafeldekoration stellen Sie verschiedene Serviettenringe aus grauen Perlen, Perlmuttperlen und Silberglöckchen her. Dann können sich die Gäste den Schönsten aussuchen.

Auf den Tisch

Wunderschöne Rosen, für ein subtiles Gesteck mit Gold verziert. Auf eine Festtafel gehören Blumen. In der antiken Schüssel wurde ein Tischgesteck aus prächtigen zartrosa, grellrosa und orangefarbenen Rosen arrangiert. Diese Rosen haben so große Blüten, dass schon ein paar Blumen für ein schönes Gesteck ausreichen. Um die Rosen wurde das Grün des Efeu Hedera Helix gesteckt. Diese Sorte hat in den Wintermonaten sternförmige, grüne Beeren, die sich im Sommer blauschwarz verfärben. Ihre Zweige können im Sommer und im Winter geschnitten werden und verleihen einem Strauß Ausstrahlung.
Besprühen Sie die Blumen und das Blattgrün für noch mehr Glanz und Glimmer mit etwas Goldfarbe.

Tiramisu mit roten Früchten ✶

Zutaten:

250 g Mascarpone

3 Eigelbe

80 g Zucker

1 Esslöffel + ein Schnapsglas Amaretto

100 ml Schlagsahne, steif geschlagen

½ Packung Löffelbiskuits

3 Esslöffel Veilchensirup

Kakao

Für des Fruchtpüree:

250g frische Himbeeren

50 g Zucker

5 cl Veilchensirup

250 g frische Heidelbeeren

5 cl Wasser

Zubereitung:

Die Himbeeren mit dem Zucker und 5 cl Wasser in einen Topf geben, zum Kochen bringen und 5 Minuten kochen lassen. Das Fruchtpüree umrühren, den Veilchensirup und zwei Drittel der Heidelbeeren darunter rühren. Kühl bewahren.

Mit dem Mixer in einer großen Schüssel den Mascarpone mit den Eigelben, dem Zucker und dem Esslöffel Amaretto verrühren. Zwei Drittel der steif geschlagenen Sahne dazu geben und mit einem Holzlöffel unterheben. In den Kühlschrank stellen. Den Boden einer großen Glasschüssel mit den Löffelbiskuits bedecken. Das Schnapsglas Amaretto und den Veilchensirup darüber gießen. Die Hälfte der Mascarponemischung auf den Biskuits verteilen, dann das Fruchtpüree darüber geben, darauf den Rest der Mascarponemischung, und mit einer dünnen Schicht Schlagsahne abschließen. Das Tiramisu im Kühlschrank ungefähr 2 Stunden fest werden lassen.

Die restlichen Heidelbeeren in einer Plastiktüte in das Gefrierfach legen. Das Tiramisu kurz vor dem Servieren mit Kakao betreuen und die gefrorenen Heidelbeeren in der Mitte anrichten. Die dünne Eisschicht der Heidelbeeren sorgt für einen netten winterlichen Effekt.

Vorfreude Das ganze Haus ist geschmückt, die Kinder sind schon richtig in Vor-Weihnachtsstimmung und haben die Fenster mit Schablonen und Sprühschnee dekoriert. Das macht ihnen sehr viel Spaß, und mit ein bisschen Hilfe sieht es prächtig aus: Winternostalgie vom Feinsten. Das Menü ist zusammengestellt und die Einkäufe sind erledigt. Der Duft des frischgebackenen Kuchens zieht durch das Haus, und das allein gibt bereits ein festliches Gefühl. Wir zünden ganz viele Kerzen an und warten auf die Gäste, die kommen. Die Wintertafel ist mit einem auffälligen Arrangement aus Kugeln in weiß, gold, silbern und Perlmutt und Wind-

Wintertafel in ländlicher Eleganz

    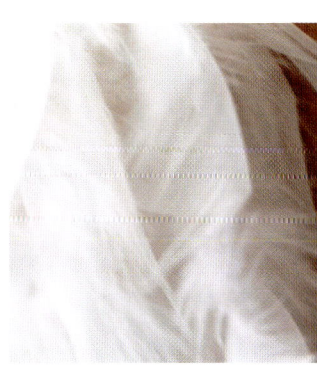

lichtern aus Milchglas dekoriert. Der sanfte Schein der Kerzen spiegelt sich subtil in dem vergoldeten und versilberten Glas und erweckt das Gefühl von Reichtum. Einfach, edel und schön.

Tipps für das perfekte Menü
Was man tun und was man besser vermeiden sollte

Nehmen Sie sich genug Zeit, um sich ein Menü auszudenken und zusammenzustellen, so dass Sie in Ruhe einkaufen, kochen und den Tisch herrichten können. Nichts ist so ärgerlich wie im letzten Moment die Vorbereitungen treffen und sich gestresst auf sein Improvisationstalent verlassen zu müssen.

Stellen Sie eine Gästeliste zusammen und stimmen Sie das Menü darauf ab. Sitzen die Gäste gern lange am Tisch oder nicht? Sind Kinder dabei, essen die Gäste gern Fleisch oder Fisch oder sind sie Vegetarier? Wenn sehr viele Leute kommen, dann stellen Sie am besten ein abwechslungsreiches Menü aus verschiedenen Zutaten und Zubereitungsarten zusammen, dann ist sicher für jeden etwas dabei. Richten Sie kleine Portionen an, wenn Sie ein Abendessen mit vielen Gängen servieren. Und wählen sie bei schwereren Gerichten weniger Gänge. Wild, rotes Fleisch und Gerichte mit Sahne, Butter, Käse und Saucen sind schwer. Leichte Speisen sind helle Suppen, Huhn, Pute, Fisch und Salate mit einer frischen Vinaigrette.

Die traditionelle Reihenfolge eines Menüs:

Vorspeise

Suppe

Zwischengericht

Hauptgericht

Käseplatte

Dessert

Kaffee / Tee

Tipp Servieren Sie als nette Überraschung eine „Amuse bouche", eine sehr kleine Leckerei, angerichtet in einem Schnapsglas oder einem besonderen Amuselöffel. Es sieht spektakulär und elegant aus und füllt die Pause bis zum ersten Gang.

Tipp Lecker frisch und echt französisch ist es, zu der Käseplatte Baguette und einen grünen (Eisberg-) Salat zu servieren. Einfach nur Salatblätter, mit einer Vinaigrette aus etwas Olivenöl, Weinessig, Dijonsenf und einer feingeschnittenen Schalotte verfeinert.

Tipp Servieren Sie zum Essen immer auch Wasser. Es neutralisiert die verschiedenen Geschmacksrichtungen und löscht den Durst besser als Wein.

Tipp Wenn viele Gäste kommen, haben Sie vielleicht nicht genug Teller und Schüsseln von einem Service. Sie können dann auch sehr gut Geschirr verschiedener Stilrichtungen kombinieren. Klassisch und modern oder Design und Dekoration passen gut zusammen, wenn das Ganze in einer Farbharmonie gehalten ist.

① **Himmlische Dekoration** Jeder Winkel des Hauses ist schon in Weihnachtsstimmung. Von der Buchenhecke draußen wurde ein schöner Zweig geschnitten und an der Wand befestigt. Der Zweig wurde mit einigen schönen Kugeln, Rosenkranzketten und einem Weihnachtsengel aus Holz geschmückt. Die Verzierungen passen zu den Farben der Blätter; warme braune und beige Farbtöne, matt und glänzend. Der beleuchtete Weihnachtsstern vervollständigt das Ganze. ② **Serviettenverzierung** Die Kombination von Material und Farben ist das Geheimnis einer subtilen Tischdekoration. Die Kombination der nougatfarbenen Leinenserviette mit dem breiten glänzenden Band und der silbernen Verzierung, das champagnerfarbene Service und die Kristallgläser verleihen der Tafel eine schlichte und edle Ausstrahlung.

STYLING

Elegant mit Gold, Silber und Perlmutter

Ländliche Schlichtheit mit einer Dosis Glanz und Glamour sind die Stylingzutaten, die für das gewisse Etwas sorgen.

Es macht Spaß, den Tisch einmal richtig festlich mit dem schönsten Service, Kristall und glänzenden Tischtüchern zu decken. Ein großes durchscheinendes Organzatuch wurde als Grundlage auf den Tisch gelegt, darüber zwei weiße bedruckte Läufer aus Voile als Untergrund für das Service. Wenn man Läufer und eine Unterdecke aus Organza verwendet, bleibt die Farbe des Tisches sichtbar. Organza glänzt subtil im Kerzenlicht, wodurch die strenge Form des Tisches weicher wirkt. Zusammen mit den vier großzügigen sandfarbenen Sesseln bildet es eine neutrale, ländliche Basis für den übrigen Tischschmuck. Der große Tisch ist für vier Personen gedeckt, und dadurch ist in der Mitte Platz für einen großen, versilberten Kerzenständer, um den goldfarbene Windlichter aus Glas und große Kugeln aus Metall, Stein Holz und Perlmutt arrangiert sind. Die Kugeln sind von unterschiedlichem Format und Material und in einer Farbkombination aus Weiß und Naturtönen gehalten. Zusammen mit dem Glanz von Gold und Silber und dem Schein der Kerzen entsteht im Handumdrehen diese Tischdekoration. Was für ein großartiger Effekt!

Das Farbthema der Naturtöne setzt sich in der Wahl des Services fort. Die Teller und Schalen sind quadratisch und champagnerfarben, die dazu passenden Schälchen haben die Farbe heißer Schokolade. Das Grün des Olivenbaums und die Besteckverzierung mit Tannengrün und Wachsrosen sorgt für eine frische Note (Seite 39). Diese Farben passen gut in jedes ländliches Interieur.

Selbstgemachte Serviettenringe

Material:

Küchenrolle aus Karton

(aus einer Rolle bekommt man 4 Serviettenringe von 5,5 cm)

glänzendes Band in Taupe

schmales glänzendes Band in grau

silberner Christbaumanhänger

Arbeitsanleitung:

Die Küchenrolle in vier gleiche Stücke schneiden und mit dem breiten Band bekleben. Das graue Band mit dem silbernen Christbaumanhänger darumbinden.

STYLING

Der Glanz von Kerzenlicht

Wenn am Ende des Nachmittags die Dämmerung einfällt, schimmert und glänzt das Licht der Kerzen besonders schön. Viele schöne Ecken mit Kerzen – das gehört wirklich zur Winterzeit und ist so stimmungsvoll.

① **Festlicher Blumenschmuck für das Besteck** Legen Sie das Besteck einmal ganz anders auf. Diese Ansteckblumen aus Seide – eigentlich als Haarschmuck gedacht – sind mit einem Gummi versehen, mit dem das Besteck zusammengebunden wird. ② **Stimmungslicht am Fenster** Das Windlicht aus geschliffenem Glas ist an der Innenseite mit Silberfarbe besprüht. Mit einem Teelicht darin ergibt das einen schönen Schatteneffekt. Und die weiße Pracht schaffen Sie sich dieses Mal selbst, mit Schablonen und Sprühschnee. ③ **Tellerdekoration** Echte Flämmchen sorgen in den dunklen Tagen für Licht und Gemütlichkeit. Die altmodischen Kerzenhalter zum Klemmen haben eine Metamorphose durchgemacht und sind jetzt in netten Blumen- und Glitzerausführungen erhältlich. Befestigen Sie die Klemme am Rand des Tellers, und jeder erhält seine eigene Kerze. ④ **Eisgekühltes Getränk** Der Wein bleibt während des Essens herrlich kühl im „Nice Ice Cooler", einem praktischen und dekorativen Weinkühler aus Eis. Die Kunststoffform wird mit Wasser gefüllt und 24 Stunden in die Tiefkühltruhe gestellt. Dann den Kühler aus der Form nehmen und in die mitgelieferte Schale stellen, um das Schmelzwasser aufzufangen. Bei einer Temperatur von 20°C schmilzt das Eis in sechs Stunden. Die Aluminiumschale ist mit einem Stück Voile und einer Goldborte verziert, so dass der Kühler auch wirklich zum festlich gedeckten Tisch passt. ⑤ Für zurückhaltende vor-weihnachtliche Atmosphäre eignen sich ein paar Zweige, schöne Laubkränze oder zum Beispiel der Olivenbaum, der drinnen überwintert. An den Zweigen wurden mit weißem Band silberne Christbaumkugeln aufgehängt und zwischen die Zweige wurden schöne, dazu passende Weihnachtskarten in schwarzweiß gesteckt.

⑤

Wie ein Geschenk

Ein liebevoll gedeckter Tisch gibt den Gästen das Gefühl, dass sie willkommen sind. Erst wählt man Tischtuch, Service, Gläser, Besteck und Servietten aus und stimmt dann die Tischdekoration darauf ab. Mit subtilen Details betont man den Stil und kann einen witzigen, natürlichen oder stilvollen Akzent anbringen. Die Serviette und das Besteck sind zusammen mit einem kleinen Gesteck aus Tannengrün und einer Wachsrose als persönliches Geschenk verpackt, das den ländlichen Stil akzentuiert.

Tipp Fensterschmuck Anstatt eine fertige nostalgische Schablone zu verwenden, können Sie auch selbst eine herstellen, indem Sie aus einem Stück Tapete mit einem Blumenmotiv oder Ornament das Muster herausschneiden. Drücken Sie diese zeitgenössische Schablone an die Scheibe und besprühen Sie das Fenster mit Schnee. Wiederholen Sie das Muster, um einen breiten Rand zu erhalten, und stellen Sie ein paar Kerzen davor. Der weiße Musterrand in Kombination mit dem Kerzenschein sieht auch von außen glänzend aus.

(1) **Ein glänzender Akzent** Die Kette aus glänzenden Blumen wurde nonchalant zwischen die Teller gelegt und glänzt und funkelt im Licht. Die Blumen sind aus gläsernen Zapfen und Perlen hergestellt, die an einem Stahldraht befestigt sind. Glaszapfen sind in Hobbygeschäften erhältlich, aber wirklich schöne Exemplare finden Sie in Trödelläden, wo lose Kristalle von Kronleuchtern verkauft werden. Für die Blütenblätter fünf Zapfen auf einen silbernen Stahlfaden ziehen und rund legen. Für den Staubfaden eine einzige glänzende Perle auf ein Stück Draht von 10 cm Länge ziehen, in die Mitte schieben und den Draht zusammendrehen. Fünf Staubfäden im Herzen der Blume befestigen und das Ganze mit ein paar Perlen vollenden. Die Blumen mit einem Zwischenraum von 10 cm an dem Stahldraht befestigen.. (2) **Abendtäschchen in Grün** Tannengrün, apfelgrün, smaragdgrün, olivgrün, flaschengrün, jadegrün, grasgrün, metallicgrün: all diese Grüntöne sind in einem kleinen Täschchen kombiniert. Verwandeln Sie mit etwas Inspiration, Perlen und Voile ein einfaches Täschchen in ein Must-have-Accessoire. Schön als Tüpfelchen auf dem i zur Weihnachtsgarderobe und auch gut als Dekoration an der Tür oder Wand. Das herzförmige Täschchen wurde aus olivgrünem Stoff hergestellt und mit Perlenmotiven, Rüschen und Voileblümchen bestickt. Außerdem sind überall kleine Perlen aufgenäht. Die Träger wurden durch zwei Perlenketten in schönen Grünschattierungen ersetzt.

①

②

41

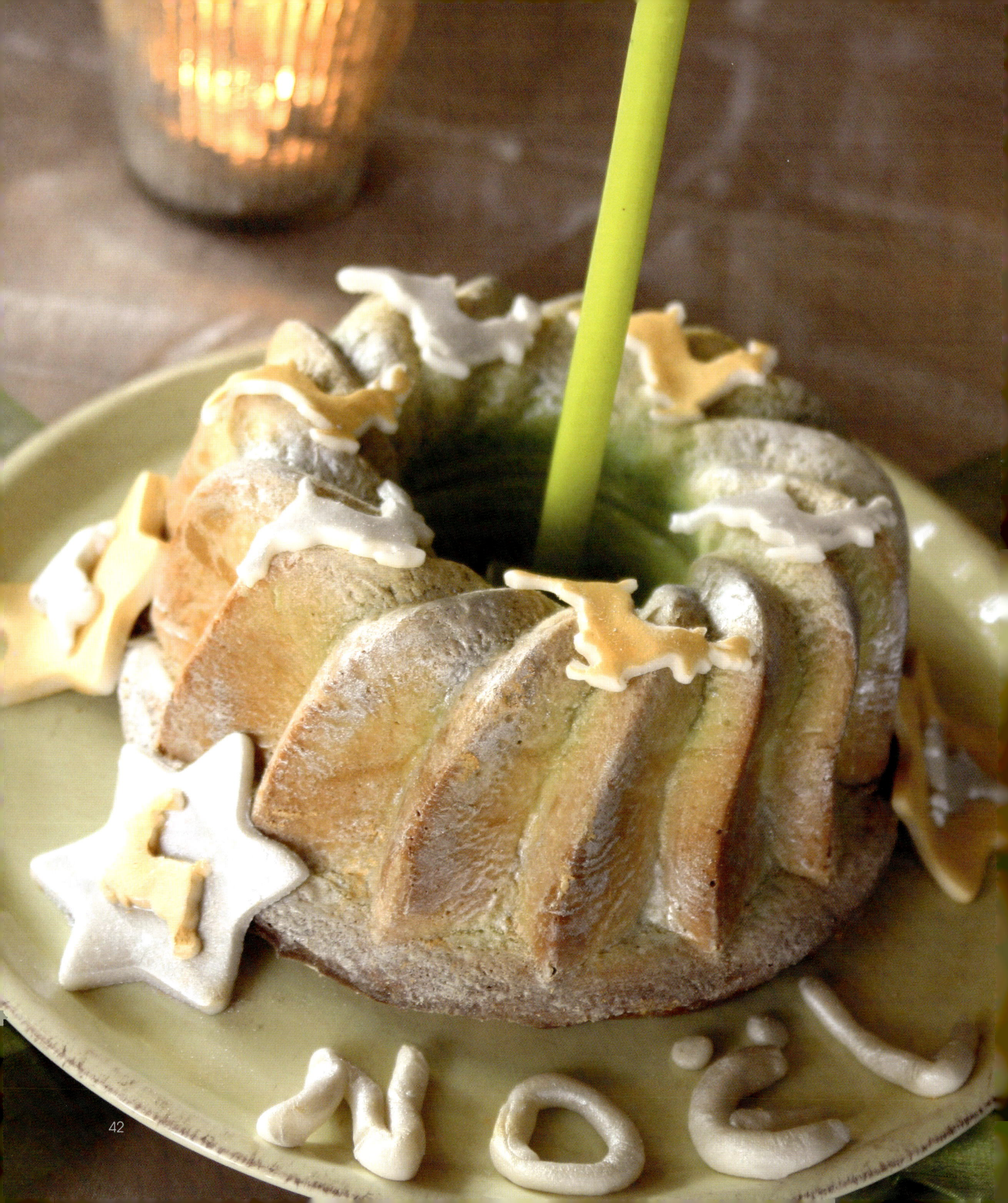
NOËL

Pistazien-Napfkuchen ✶

Zutaten:

120 g Marzipan-Rohmasse
100 g gemahlene Pistazien
1 EL Schnaps
250 g Butter
250 g Zucker
5 Eigelb und Eiweiß, getrennt
1 Prise Salz
1 EL Schnaps
180 g Mehl
140 g Speisestärke
1 EL Backpulver
Kuchenglasur
Marzipan für Verzierungen

Zubereitung:

Den Backofen auf 180°C vorheizen.

Eine Kuchenform ausbuttern und mit Semmelbröseln ausstreuen.

Die Marzipanrohmasse mit den Pistazien und 1 EL Schnaps verkneten. Ungefähr 1 cm dick ausrollen und würfeln. Dann Butter mit der Hälfte des Zuckers, dem Eigelb, dem Salz und 1 EL Schnaps schaumig rühren. Das Eiweiß mit der anderen Hälfte des Zuckers zu steifem Schnee schlagen und unter die Eigelbmasse ziehen. Das Mehl mit der Speisestärke, dem Backpulver und den Marzipanwürfeln unterheben. Den Teig in die Form füllen.

Auf der 2. Schiene von unten ca. 50 – 60 Minuten backen. Anschließend auf einem Kuchengitter abkühlen lassen. Den Kuchen nach Packungsangaben mit der Glasur überziehen.

Die Sterne und Hirsche sind aus weißem Marzipan. Das Marzipan ausrollen und die Figuren mit Ausstechförmchen ausstechen. Die Sterne und Hirsche auf dem Kuchen verteilen. Aus dem restlichen Marzipan z.B. die Worte „Noël" oder „Weihnachten" formen.

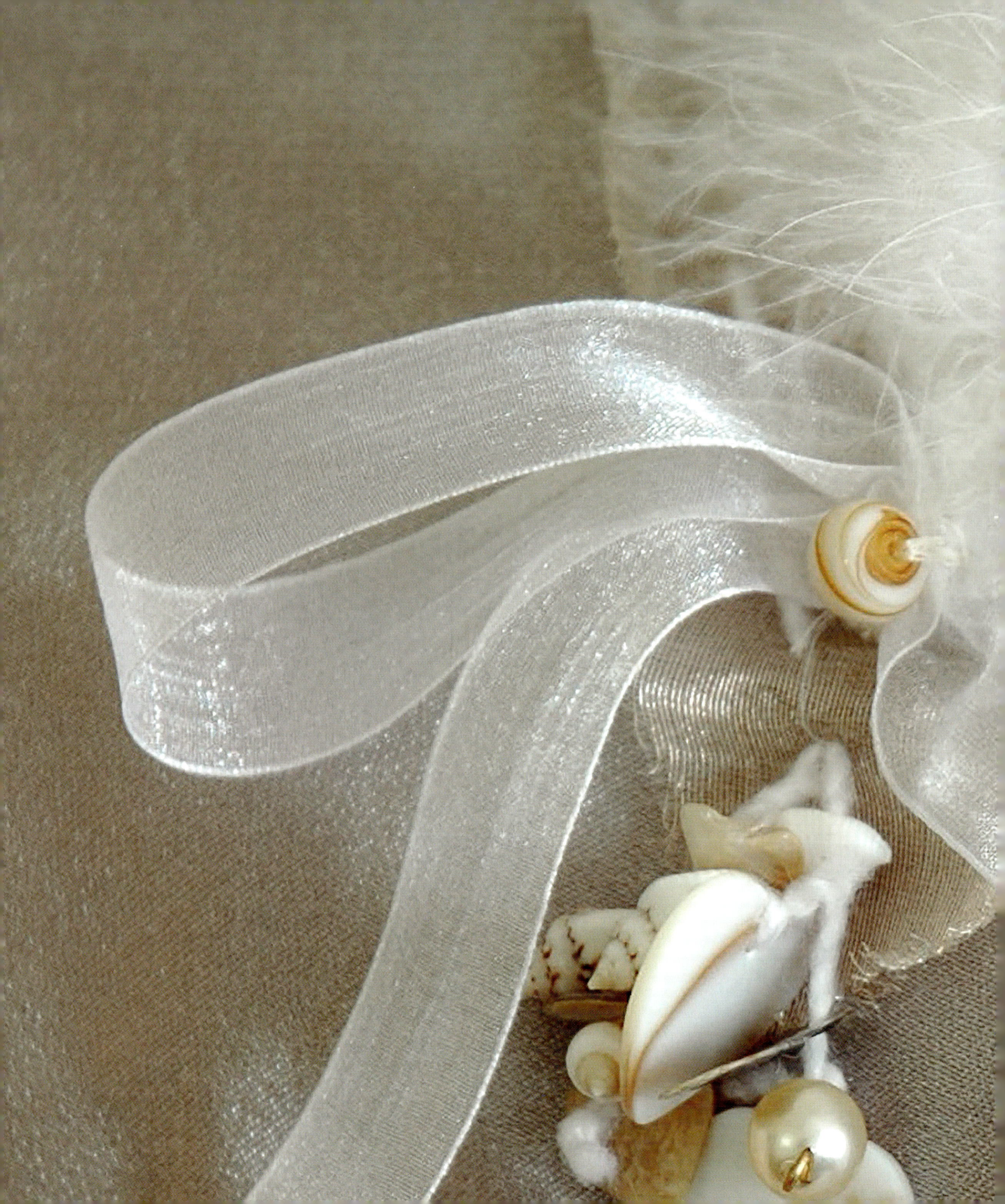

Romantischer, dekorativer Stil
Trend & Poesie

- Weihnachtshaus in poetischem Weiß
- Winterlunch im Gartenzimmer

46

Auffallend hell Schon beim Eintreten empfängt einen die märchenhafte Atmosphäre: Ketten, Kerzen, Kugeln, sehr viele Lämpchen, und als Blickfang der Weihnachtsbaum. Alles in reinem Weiß mit einem Hauch von Weihnachtsgrün. Das Haus strahlt und glitzert, es ist mit viel Liebe verziert. Die Stimmung ist zurückhaltend und verträumt, sie fühlt sich an wie ein schönes Gedicht, dessen Worte uns immer in Erinnerung bleiben. Es wird eine unvergessliche Weihnachtszeit werden. Im ganzen Haus wurden geschmückte Ecken eingerichtet, die für eine war-

Weihnachtshaus in poetischem Weiß

me, glitzernde Winterstimmung sorgen. Für ein stimmungsvolles Stillleben, das optisch mehr Tiefe und extra viele Flämmchen hat, stellen Sie eine Sammlung von Kerzenhaltern vor einem Spiegel zusammen.

All through the **year**

We've waited

Waited through **spring** and **fall**

To hear silver **bells** ringing

See **winter** time bringing

The happiest **season** of all!

M. Torme und R. Wells „The Christmas Song"

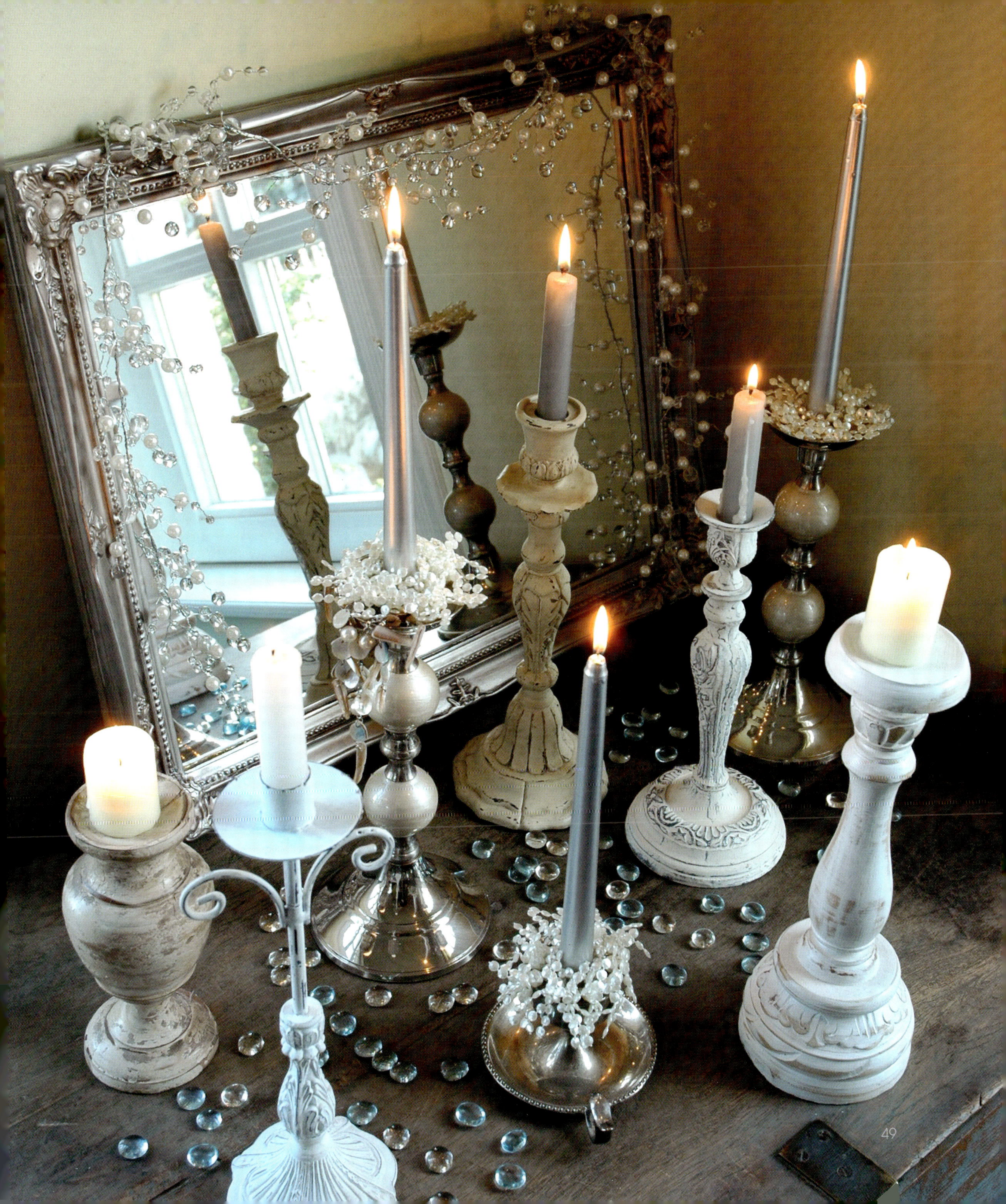

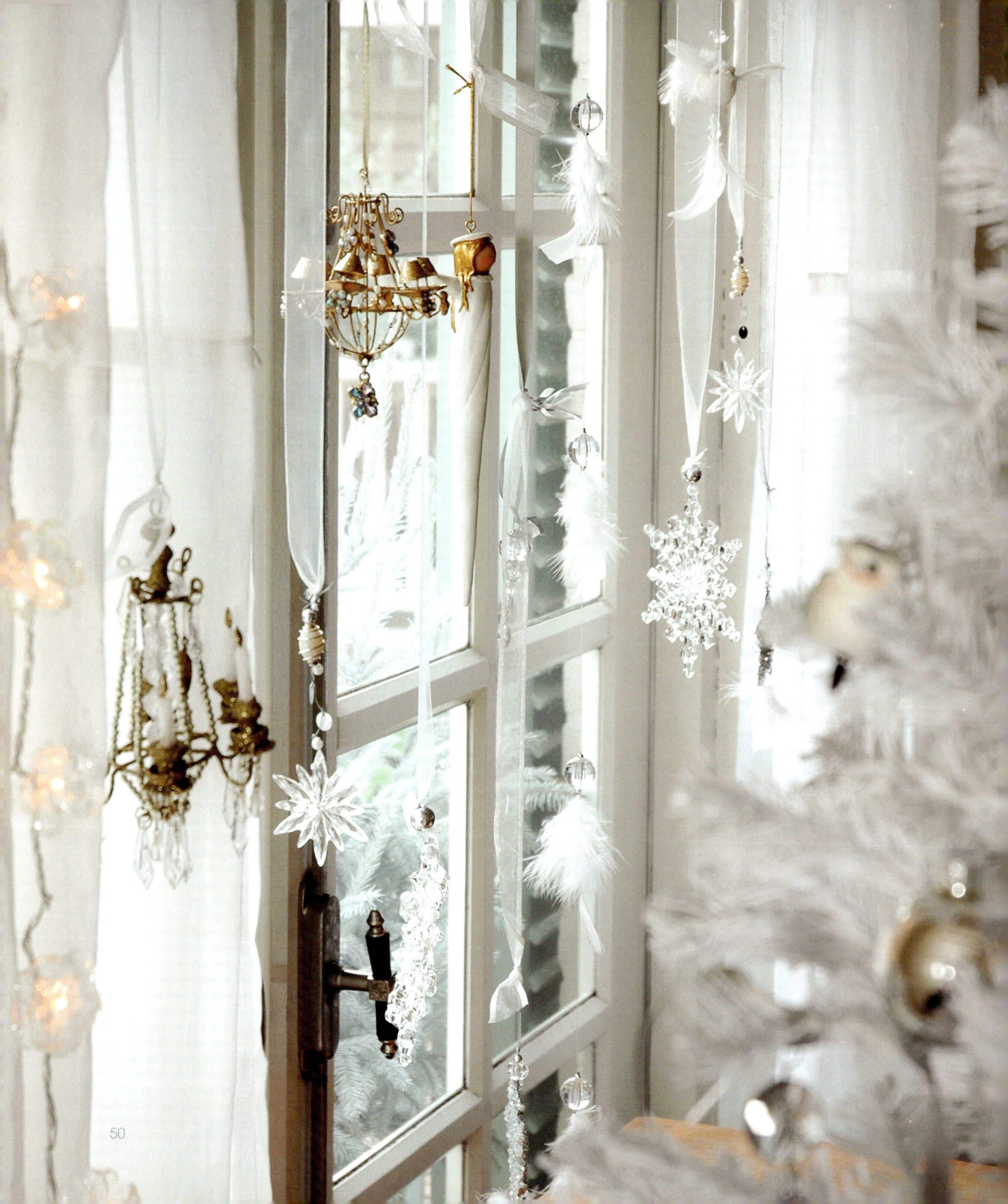

Romantischer Lichtervorhang

Unzählige Lämpchen funkeln wie kleine Sterne vor dem Fenster. Die halbgeschlossenen weißen Organzagardinen sind mit Lichterketten, Bändern mit besonderen Weihnachtsverzierungen, kleinen Kronleuchtern, Eiskristallen, Schneeflöckchen und weißen Federn behängt. Die schönsten Lichterketten haben Lämpchen mit durchscheinenden Blumen, gefrosteten Steinchen und Perlen. Sie sind wie lichtspendende Juwelen, die das Haus in den dunklen Wintermonaten verschönern.

① **Der Weihnachtsbaum spielt die Hauptrolle** Der schneeweiße Kunstweihnachtsbaum ist mit großen silbernen Herzen, wolligen Schneebällen, Christbaumkugeln in lilagrauen Farbtönen, silbernen Vögelchen und hier und da einem Hauch von Gold verziert. Für zusätzliche Romantik wurde noch besonderer Weihnachtsschmuck, wie zum Beispiel Engelchen und weiße Weihnachtsmänner, in den Baum gehängt. Außergewöhnlichen Weihnachtsschmuck findet man unter anderem auf Weihnachtsmärkten im In- und Ausland oder auch im Internet. ② Eine einfache, aber immer schöne Stuhlverzierung ist ein Kiefernzweig mit einem Ornament: eine Kugel, ein Stern, ein Weihnachtsglöckchen. Hier wurde eine weiße Taube, das Symbol für Frieden und Liebe, als subtiler Wunsch für die Gäste mit einem Band an den Zweig gebunden. Wenn viele Gäste kommen, ist es nett, ein Namenskärtchen an die Stuhlverzierung zu hängen, dann weiß jeder sofort, wo er sitzt. ③ **Lieb und richtig romantisch** Mit etwas Inspiration und einem bisschen Farbe wird etwas Altes wieder wie neu. Dieser alte Vogelkäfig aus Bambus, für einen Euro im Trödelladen gefunden, wurde metallic-graublau besprüht und mit einer schönen Lichterkette mit durchscheinenden Beeren und Blättern umwickelt. Die weißen Friedenstäubchen sorgen für zusätzliche Romantik.

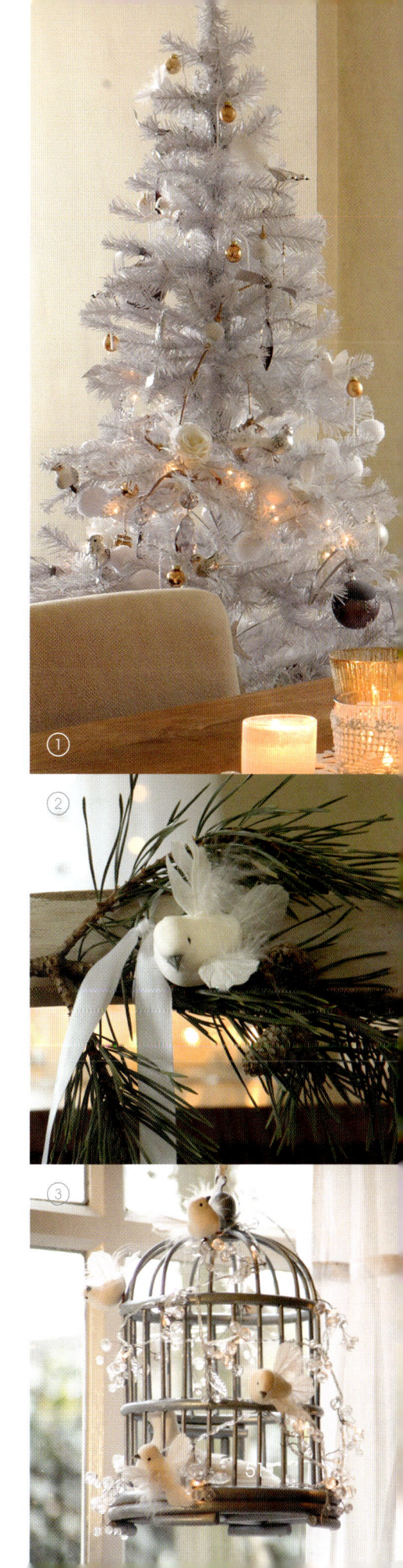

Eine weiße Winteratmosphäre

Machen Sie Ihr Haus warm und kuschelig mit schönen Kissen und feinen Details, einem einzelnen glänzenden Tischgesteck, Geschirr mit Spitzenmotiven und der goldenen Glut von Kerzenlicht. Die Kombinationen von Mustern und der Kontrast der Strukturen glänzender Stoffe neben wolligem Material und Kunstpelz schaffen eine behagliche und gemütliche Atmosphäre. Obwohl Material und Formen verschieden sind, entsteht durch die Kombination von überwiegend Weißtönen, variierend von einem warmen Cremeweiß über Schneeweiß bis zu einem etwas kühleren graublauen Weiß, wieder eine Einheit.

Der Naturholzton des unbehandelten Teaktisches sorgt für einen warmen Kontrast und verleiht dem Ganzen mehr Gewicht.

Schön weich und luxuriös

Diese Kreation stiehlt die Show. Mit ein paar glänzenden Stoffen, Wolle, Kunstpelz und einem schönen Band gestalten Sie ein Kissen mit luxuriöser Ausstrahlung. Durch die Kombination von Satin und Voile entsteht ein changierender, besonders glänzender Effekt. Schön auf einem Sofa oder Sessel.

① Der große Trend von Motiven, Mustern und Silhouetten wird von der Vergangenheit sowie alten Handwerks- und Fertigungstechniken inspiriert. Der hölzerne Kerzenständer mit den Konturen barocker Schnörkel in Laubsägearbeit sieht aus wie handgefertigt. In hellem Weiß ausgeführt wirkt er schlicht und modern. ② So schön und doch so einfach. Das Weihnachtsgesteck besteht aus einem Tortenständer, einem Kranz aus dem Grün der Silbertanne und einer riesigen weißen Kerze in Form einer Rose.

Zur Zierde ist der Kranz locker mit einer Kette aus Eisendraht und transparenten weißen Steinchen, weißen Vögelchen, Glasornamenten und ein paar weißen Federn umwickelt. Das Ergebnis kann sich sehen lassen.

Die Rosenkerze ist eigentlich zu schön, um sie anzuzünden. Eine Idee (ein echter Stylistentrick!) ist, die Kerze etwas nach innen brennen zu lassen und dann ein Teelicht in die Mitte zu stellen. So bleibt die Rose intakt und Sie können sich noch lange nach Weihnachten an Ihrem Gesteck erfreuen.

53

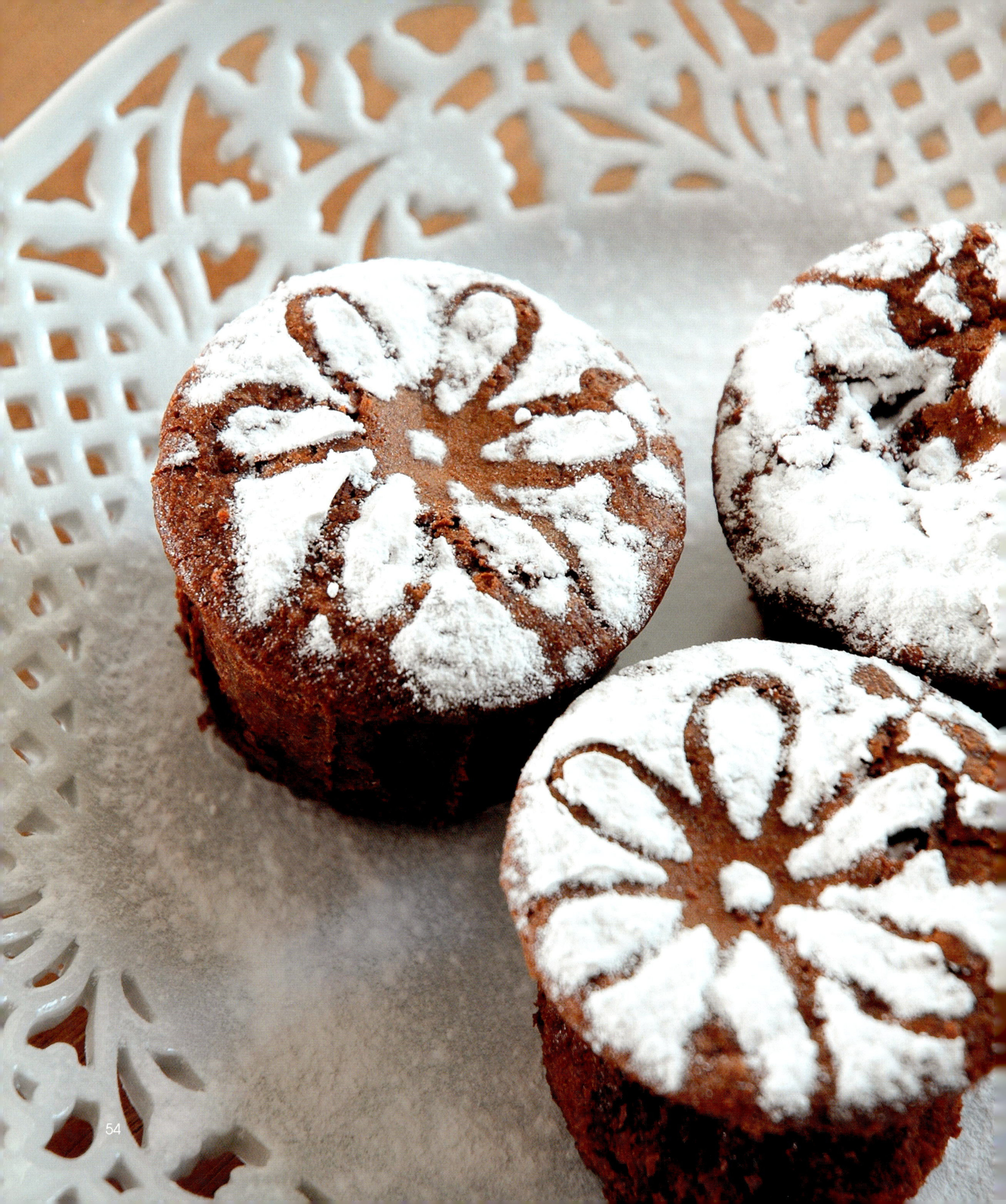

Gefüllte Schokoladenmuffins ✶✶

mit Spitzenmotiv aus Puderzucker

Zutaten:

100 g weiche Butter
100 g Zucker
1 Messerspitze Salz
2 Esslöffel Kakaopulver
1 Päckchen Vanillezucker
3 Eier
100 g Mehl
½ Teelöffel Backpulver
100 g dunkle Schokolade
12 Muffinförmchen aus Papier

Zubereitung:

Den Ofen auf 175°C vorheizen.

Butter, Zucker, Salz, Kakaopulver und Vanillezucker in eine Schüssel geben. Die Zutaten mit dem Mixer zu einer schaumigen Masse schlagen und dann die Eier einzeln darunter rühren. 5 Minuten schlagen, bis sie luftig ist. Das Mehl mit dem Backpulver mischen und schnell darunter rühren, bis ein glatter Teig entsteht. Wenn er in Teilen vom Löffel fällt, ist er gut.

Die Schokolade in Stücke brechen, in einen Topf geben und im Wasserbad schmelzen lassen.

Die Förmchen zu einem Drittel mit dem Teig füllen, eine Mulde hineindrücken und einen Esslöffel flüssige Schokolade hineingeben. Dann die Förmchen bis 1,5 cm unter dem Rand mit Teig füllen und glatt streichen.

Die Förmchen in die Mitte des Ofens stellen und die Muffins 35 – 40 Minuten backen.

Lauwarm servieren, dann ist die Schokoladenfüllung noch etwas flüssig.

Das Dessert als Abschluss der Mahlzeit verdient besondere Aufmerksamkeit. Eine nette, praktische Idee ist es, die Schokomuffins mit einem Muster aus Puderzucker zu bestäuben. Dafür gibt es besondere Schablonen zu kaufen, man kann sie aber auch selbst ausscheiden oder etwas mit einem Lochmuster aus der eigenen Küche benutzen. Hier wurde ein Kunststoffuntersetzer mit Blumenmotiv verwendet.

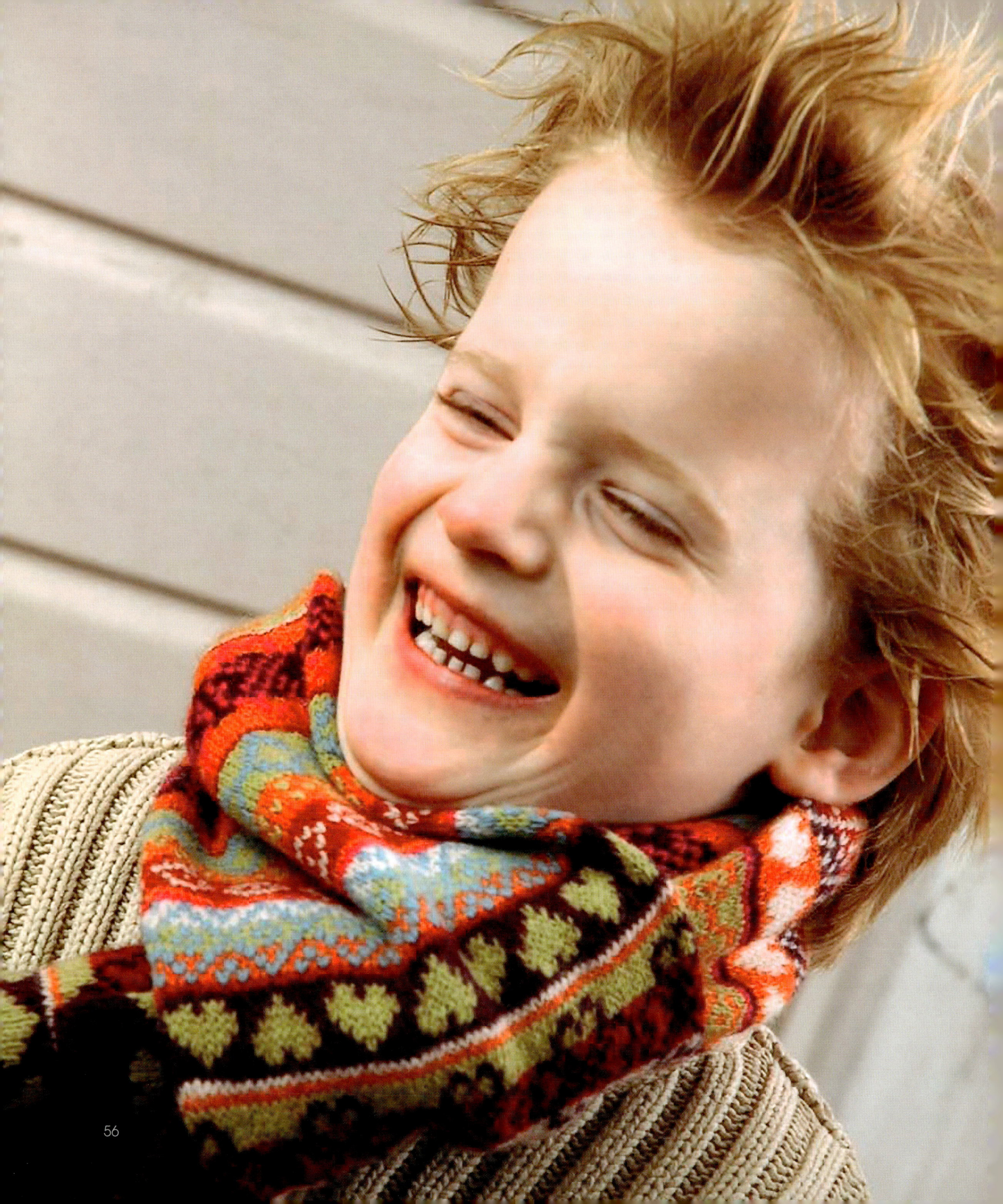

Es ist Ende November, der Herbst ist fast vorbei und der Winter kündigt sich an mit winterlichen Schauern und zwischendurch einem schönen klaren Tag. In der Nacht friert es schon ein bisschen und heute hängt Schnee in der Luft; wird er liegen bleiben?

Das ist der richtige Augenblick, um ins Freie zu gehen und mit den Kindern einen schönen Waldspaziergang zu machen. Warme Pullover anziehen, Mützen aufsetzen, warme Fäustlinge und ein Körbchen mitnehmen, denn wir suchen Tannenzapfen und Eicheln, um dann den Gartentisch damit zu schmücken.

Winterlunch im im Gartenzimmer

Draußen sein macht Spaß und ist gesund, und besonders schön ist es, wenn man nach dem Spaziergang noch gemütlich auf der Veranda des Gartenhäuschens zusammensitzen kann, um sich mit einer Tasse heißer Suppe wieder aufzuwärmen.

All the **leaves** are brown

and the sky is **grey**

I've been for a walk

on a **winters** day

The Mamas and the Papas, California Dreaming

59

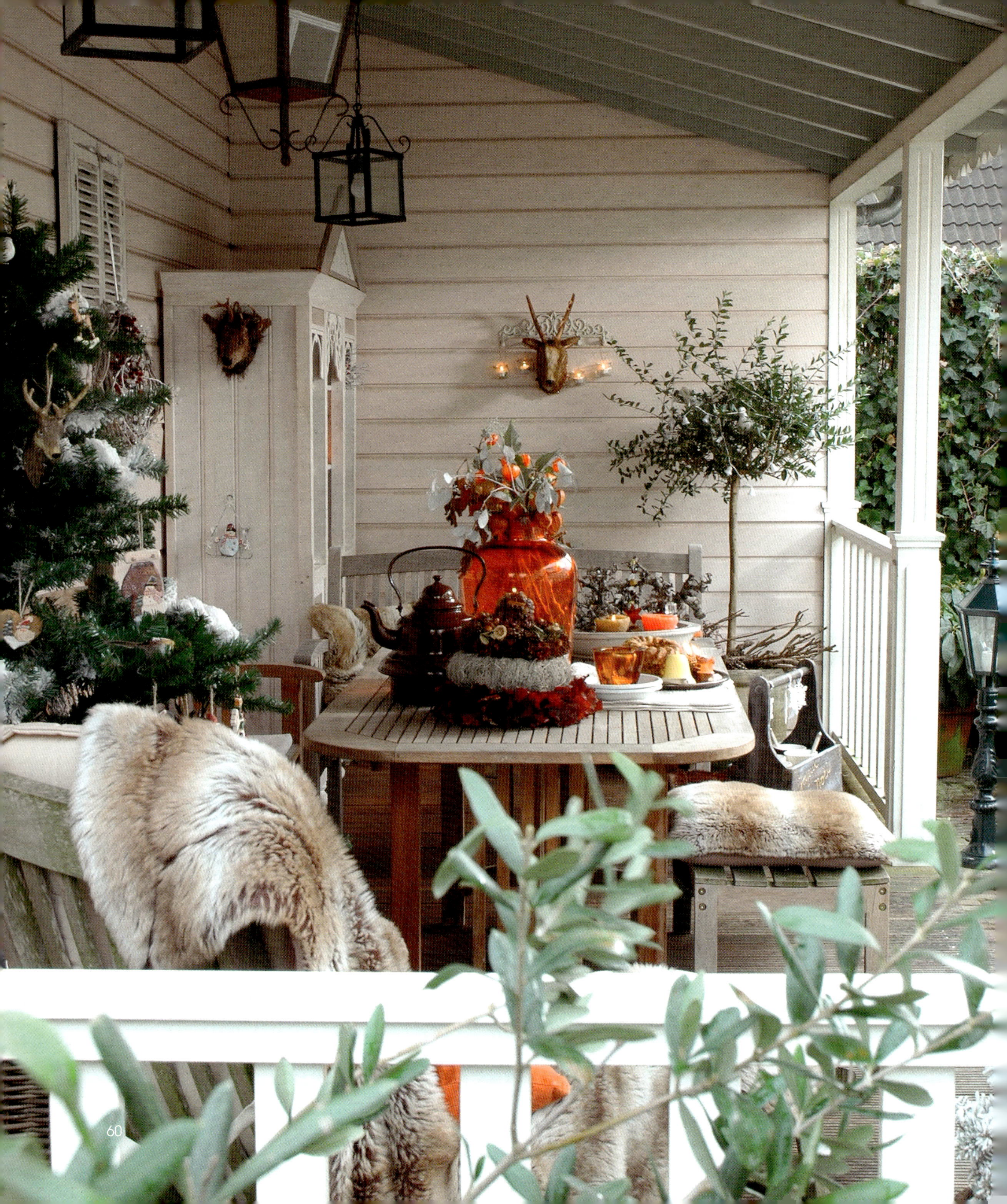

Spätherbstliches Gartenzimmer

Die warmen Farben braun, orange und olivgrün, kombiniert mit dem grau gewordenen Holz verleihen dem Gartenzimmer eine behagliche Herbst-Winter-Stimmung. Der zusätzliche Wohnraum einer Terrasse eignet sich gut für Dekorationen der entsprechenden Jahreszeit. Mit ein paar anderen Kissen, Blumentöpfen, Körben, Pflanzen und Blumen verändern Sie einfach die Atmosphäre. Der Olivenbaum, der seine Blätter behält, überwintert dort und ist subtil geschmückt mit einer Kette aus weißen Glöckchen. Um richtig in Weihnachtsstimmung zu kommen, ist da der große Weihnachtsbaum, vollgehängt mit Holzschmuck und Hirschköpfchen. Der Baum wirkt kräftig und passt daher gut dazu. Der großzügige Raum ist mit einem Esstisch, einer Zwei- und einer Dreisitzbank eingerichtet, und für weitere Sitzplätze wurde ein niedriges Bänkchen dazugestellt. Während eine große Bank schnell sehr massiv wirkt, ist ein Beistellbänkchen ohne Lehnen sehr praktisch und vielseitig: Man kann es als Sitzbank oder zusätzlichen Tisch einsetzen. Auf der Bank liegen feine, weiche Kissen aus braunbeigem Kunstpelz und Samt in Tieforange – natürliche Herbstfarben, aus der Natur geborgt.

Die große Vase mit einem lockeren Strauß aus Buchenzweigen, den dekorativen Zweigen der Kapstachelbeere (Physalis) und weiß besprühtem Eukalyptus ist einfach und wirkt wegen der Materialien und des tiefen Orange der Glasvase doch kräftig.

Im Vordergrund auf dem Tisch steht eine auffällige Torte, hergestellt aus aufeinander gestapelten Kränzen aus verschiedenen natürlichen Materialien und einer Kugelkerze aus Tannenzapfen als Krönung. Kombinieren Sie Kränze vom vorigen Jahr mit etwas Neuem, um einen überraschenden Effekt zu erzielen.

① **Wie schön Schlichtheit sein kann** Ein einfacher Kranz aus Weidenzweigen ist in verwischtem Weiß besprüht und rundum mit einem weißen Kunststoffzweig mit transparenten gefrosteten Beeren geschmückt. In der Mitte hängt ein Anhänger aus Eisendraht mit robusten Glassteinen und einem glänzenden Stern. Als zusätzlicher Akzent ist ein zierliches Zweiglein mit getrockneten, rot gefärbten Blumen asymmetrisch am Kranz befestigt. ② **Glutvolles Stillleben** In der großen kieselweißen Keramikschale wurde eine Komposition aus einem verschnörkelten Zweig, ein paar Außenkerzen in orange und olivgrün und einer Handvoll roten Äpfelchen von einem Zierapfelbaum arrangiert – reine Schlichtheit und dann am Schönsten, wenn die Kerzen brennen und sich die Flammen im orangefarbenen Glas der Vase spiegeln.

Drinnen sitzen und zugleich draußen sein

So lange wie möglich die Zeit im Freien genießen, bis weit in den Herbst, und wenn das Wetter es zulässt auch den ganzen Winter lang. Das halboffene Gartenzimmer strahlt Gemütlichkeit aus und ist ein Ort, an dem man völlig zur Ruhe kommen kann. Wenn es etwas frischer wird, kriechen Sie unter eine warme Pelzdecke oder zünden ein paar Holzblöcke im Feuerkorb an.

Bunte Hagebutten – Herbstgeschenk der Natur

Die wilde Rose, auch bekannt als Feld- oder Heckenrose, ist eine Ursorte, die man in der freien Natur findet. Die wilde Rose braucht wenig Wasser und gedeiht gut auf kargem Boden.

Diese Rose ist eine echte Kletterpflanze, und die Sträucher können sehr groß werden. Sie blüht üppig ein Mal im Jahr, und im Herbst trägt sie prächtige Hagebutten als Zugabe. Diese Hagebutten sehen wir immer öfter verarbeitet in Herbst- und Weihnachtssträußen, und mit den langen Zweigen kann man sehr gut flechten.

Der natürliche Charakter der Zweige mit hellorangefarbenen Früchten wird besonders hervorgehoben, wenn man diese in einen hohen Korb stellt. Die Kombination des wilden Straußes mit hellen Hagebutten und dem ergrauten Ried ist nüchtern und zurückhaltend, auch mit einer dünnen Schicht Pulverschnee. So einfach, aber was für eine Ausstrahlung!

Rosenarten, die schöne Früchte haben, sind unter anderem:

- *Rosa highdownensis*, eine Wildrose mit einer karminroten einfachen Blume, die nach der Blüte viele lange orangefarbene Früchte trägt;
- *Rosa pteragonis*, eine Strauchrose mit kleinen weißgelben einfachen Blüten und orangeroten Früchten;
- *Rosa hugonis*, eine Wildrose mit buttergelben Blüten und kleinen dunkelbraunen bis lila Früchten;
- *Rosa rugosa*, eine hybride Wildrose mit einfachen gelben Blüten, die im Herbst fast schwarzen Früchte trägt.

(1) Der Nikolaus ist ein dekorativer Empfang für Groß und Klein. (2) Gemütlich zu dritt unter eine warme Pelzdecke kriechen, eine Geschichte erzählen und zusammen die Zeit draußen genießen. (3) **Speisekammer für Vögel** Versteckt im Wintergrün ein Futterhäuschen aus Birkenästen, bei dem die Vögel in aller Ruhe aus und ein fliegen.

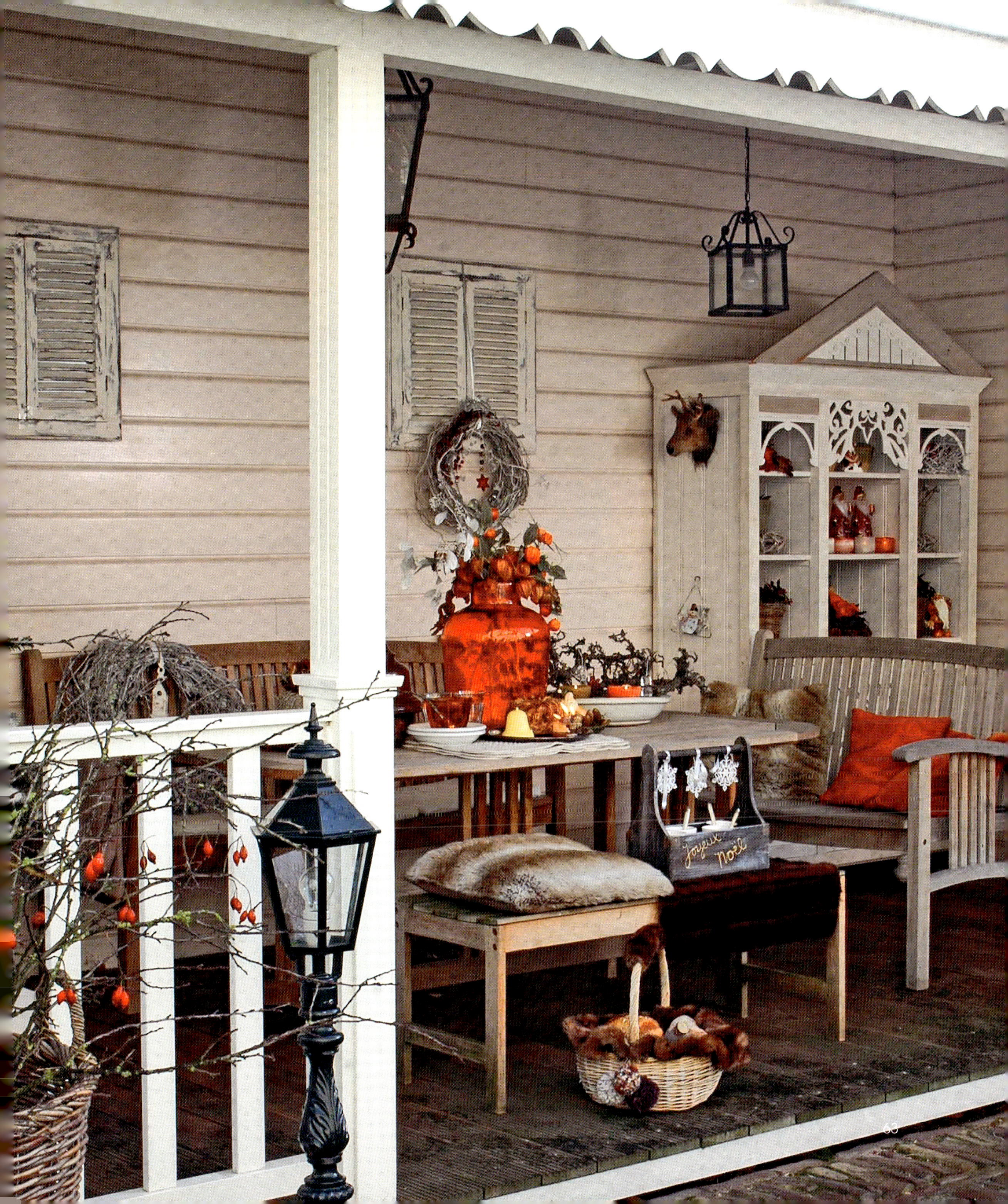
Joyeux Noël

① **Beleuchteter Hirsch** Die Garderobe ist mit einem Hirschkopf und Windlichtern aus Puddinggläsern verziert. Um den Rand wurde eine Schlinge aus Eisendraht zum Aufhängen der Lichter gewickelt.

② **Stimmungsvolle Vitrine** Für spielerische Winterstimmung ist der Schrank mit den offenen Fächern gefüllt mit kleinen Stillleben von schönen Kränzen, Väschen mit Zweigen, Lichtern und Weihnachtsfigürchen. Es macht Spaß, sie anzuschauen. ③ **Kranz mit Herz** Die Wandkonsole ist mit einem Kranz aus gefalteter Birkenrinde, einem Mini-Hirschgeweih und einem durchsichtigen Windlicht verziert – einfache natürliche Dekorationen, die reine Schlichtheit ausstrahlen. Das rote Weihnachtsherz bildet einen feurigen Abschluss.

Warmer Winterpicknickkorb

Ein einfacher Picknickkorb aus Ried erhält einen warmen Mantel aus Pelz und wolligen Pompons.

Nötig:

60 cm Kunstpelz, 1,20 m breit
1 Knäuel Wolle terra
1 Knäuel Wolle braun-terra meliert
1 Knäuel Wolle grau-beige meliert
1 Stück Karton (DIN-A-4)
1 Stopfnadel

Arbeitsanleitung:

Den Innendurchmesser des Korbes ausmessen und für den überhängenden Rand rundum 15 cm zugeben. Das benötigte Stück aus dem Stück Pelz zurechtschneiden. Einen 5 cm breiten einzelnen Saum um den Stoff nähen. Den Stoff in den Korb legen und über den Rand drapieren. Henkel: Aus dem Pelz ein Stück von 14 x 18 cm schneiden. Den Henkel in der Mitte damit umwickeln und den Stoff mit großen Stichen festnähen.

Arbeitsanleitung Pompons:

Für die Pompons mit einer umgedrehten Tasse 2 Kreise auf den Karton zeichnen. Die Kreise ausschneiden und in die Mitte ein Loch von 2 cm Durchmesser schneiden. Die beiden Kreise aufeinander legen. Die Wolle fest und dicht um die Kreise wickeln. Für einen dicken Pompon mehrere Lagen wickeln. Einen Wollfaden durch die Mitte der Kreise ziehen und die gewickelte Wolle zwischen den beiden Kreisen auseinander schneiden. Vorsichtig die Kreise herausziehen. Den Faden, der durch die Mitte der Kreise gezogen wurde, anziehen und festknoten. Eine Kugel formen und den Pompon wenn nötig noch etwas zurechtschneiden.

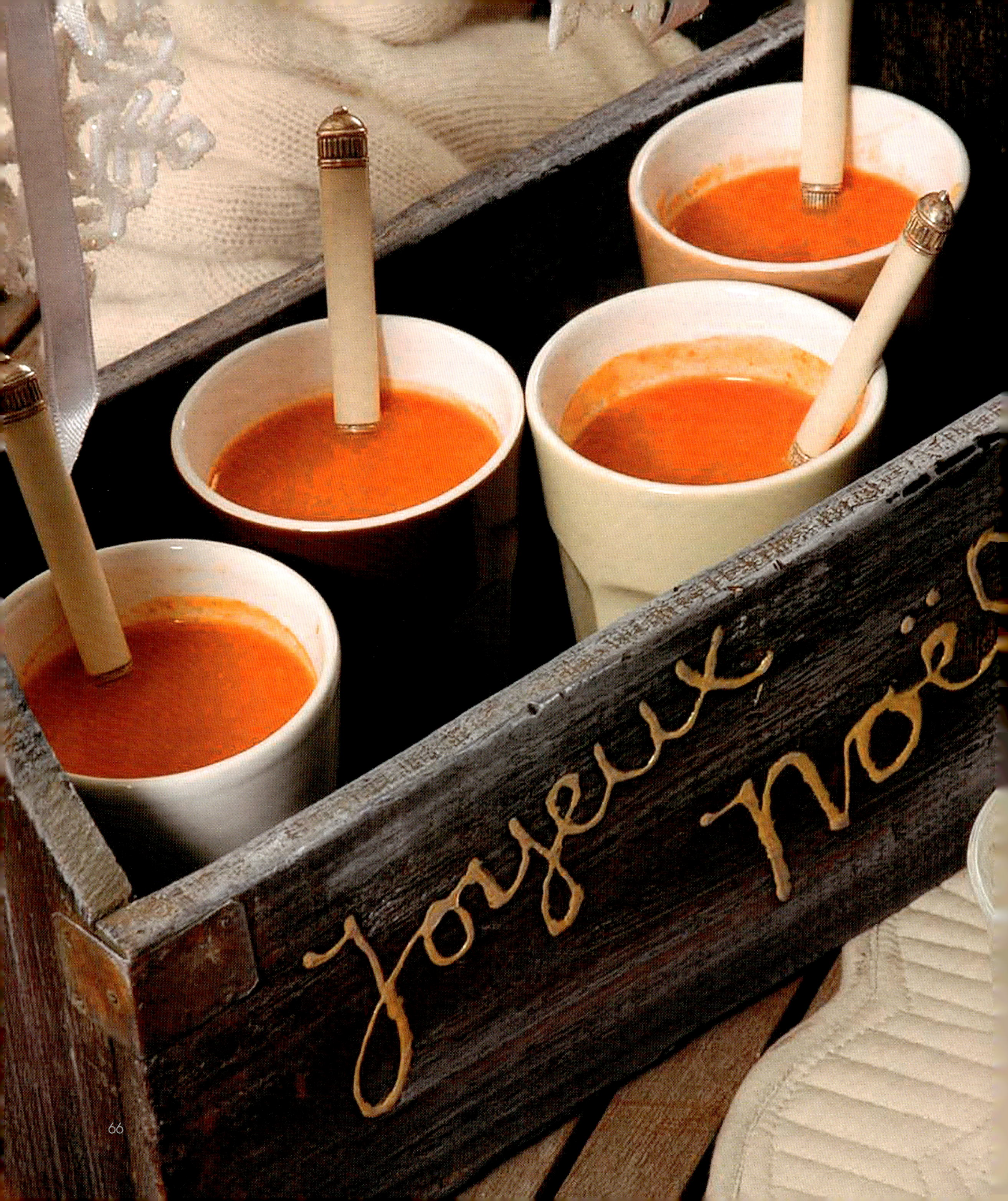
Joyeux Noël

Herzhafte Kürbissuppe ★

(für 6 Personen)

Zutaten:

1 mittelgroßer Kürbis
1 Kartoffel
1 rote Paprika
1 Zwiebel
1 Schuss Olivenöl
1 Messerspitze Muskatnuss
1 Messerspitze Pfeffer
1 Bund frischer Koriander
800 ml Gemüsebrühe

Zubereitung:

Den Kürbis halbieren, die Kerne entfernen und die Schale abschneiden. Das Fruchtfleisch in Würfel schneiden. Die Kartoffel schälen und in Würfel schneiden. Die Zwiebel schälen, die Paprika säubern und beides in Ringe schneiden.
Die Zwiebel in Olivenöl glasig anbraten und die Paprika dazu geben. Die Muskatnuss, den Pfeffer und die Hälfte des Korianders dazu geben. Die Kürbis und Kartoffelwürfel kurz mit anbraten und die Brühe dazu gießen. Das Gemüse gut garkochen lassen und mit dem Stabmixer zu einer glatten Suppe pürieren.

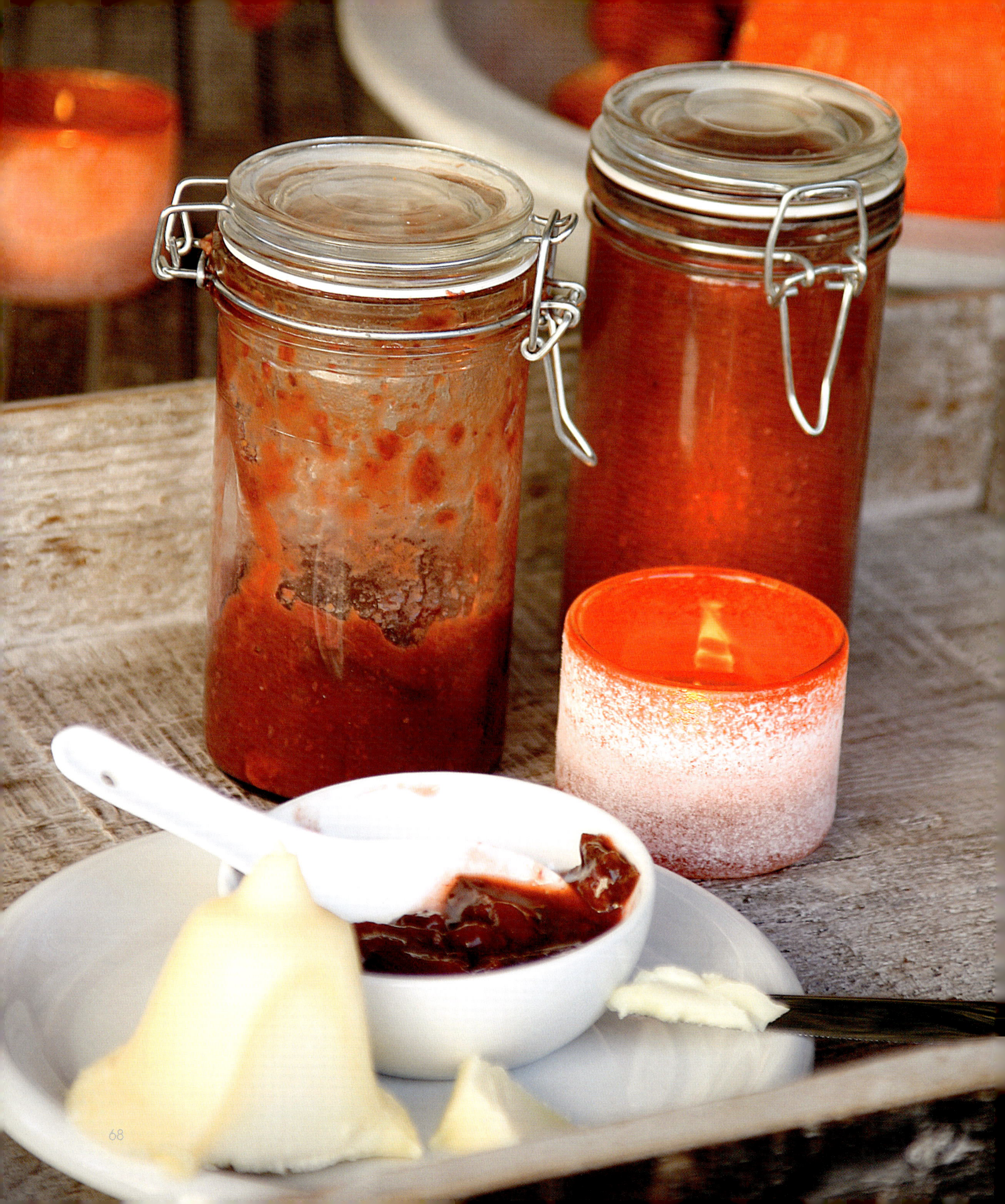

Pflaumenchutney ✶

(für 4 Gläser)

1 kg süße Pflaumen
100 g Walnüsse
100 g Rosinen
175 ml Balsamico-Essig
150 ml Rotwein
200 g Gelierzucker
1 gestrichener Esslöffel Zimt
Saft einer Zitrone

Zubereitung:

Die Pflaumen waschen, entstielen und halbieren, die Kerne entfernen.
Die Walnüsse in der Küchenmaschine fein hacken.
Die Pflaumen, Walnüsse und Rosinen in einen Topf geben und den Balsamico-Essig, den Rotwein und den Gelierzucker dazugeben. Die Fruchtmischung unter Rühren zum Kochen bringen und 5 Minuten kochen lassen. Den Zimt und den Zitronensaft darunter rühren und das heiße Chutney in saubere Gläser füllen. Die Gläser zuschrauben und etwa 10 Minuten auf den Kopf stellen. Die Gläser an einem kühlen, dunklen Ort lagern. In den verschlossenen Gläsern ist das Chutney ca. 6 – 8 Monate haltbar.

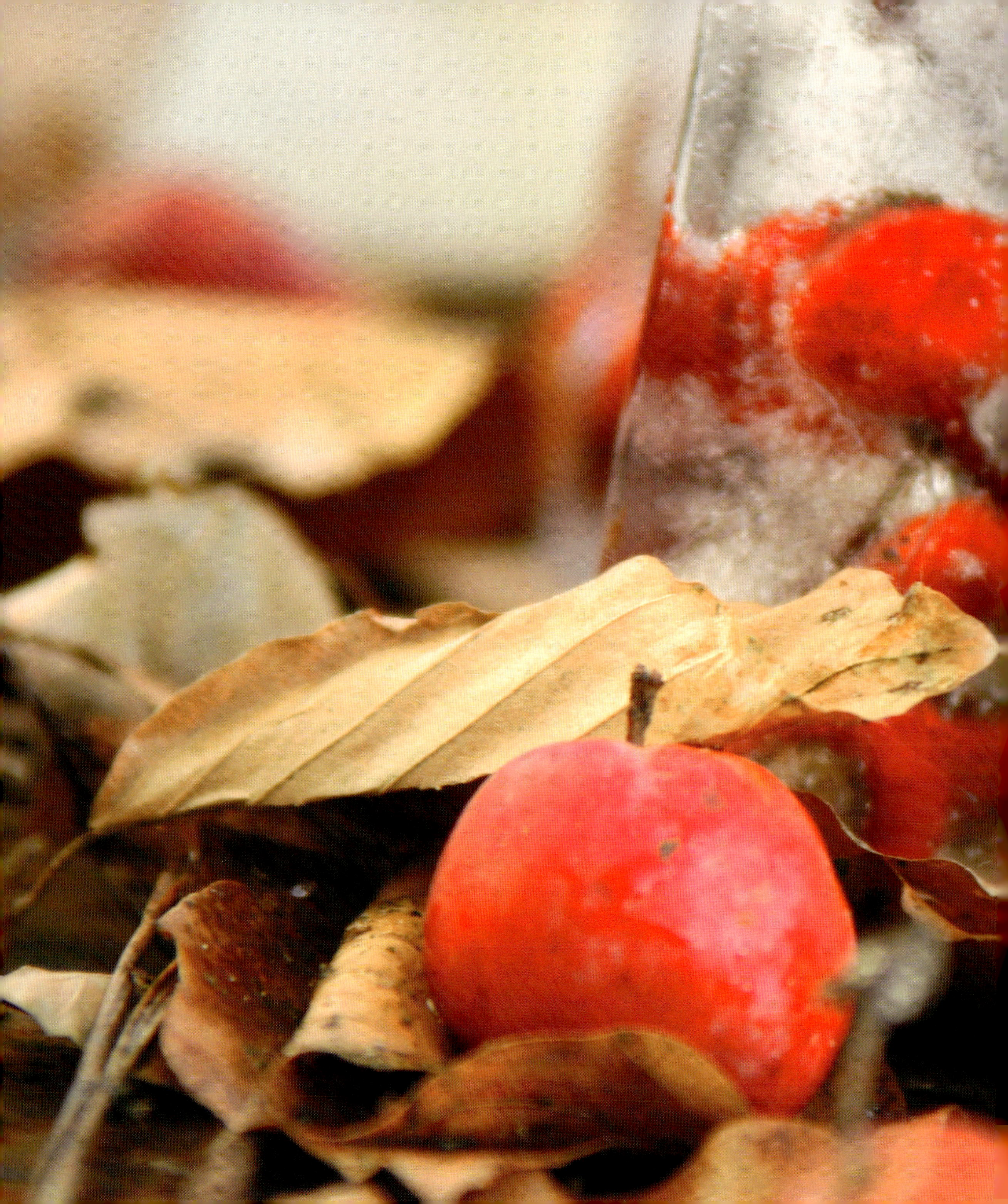

Country-Stil pur

Traditionen & Folklore

- Waldhütte in einer weißen Winterwelt
- Weihnachtshaus im Nordlicht

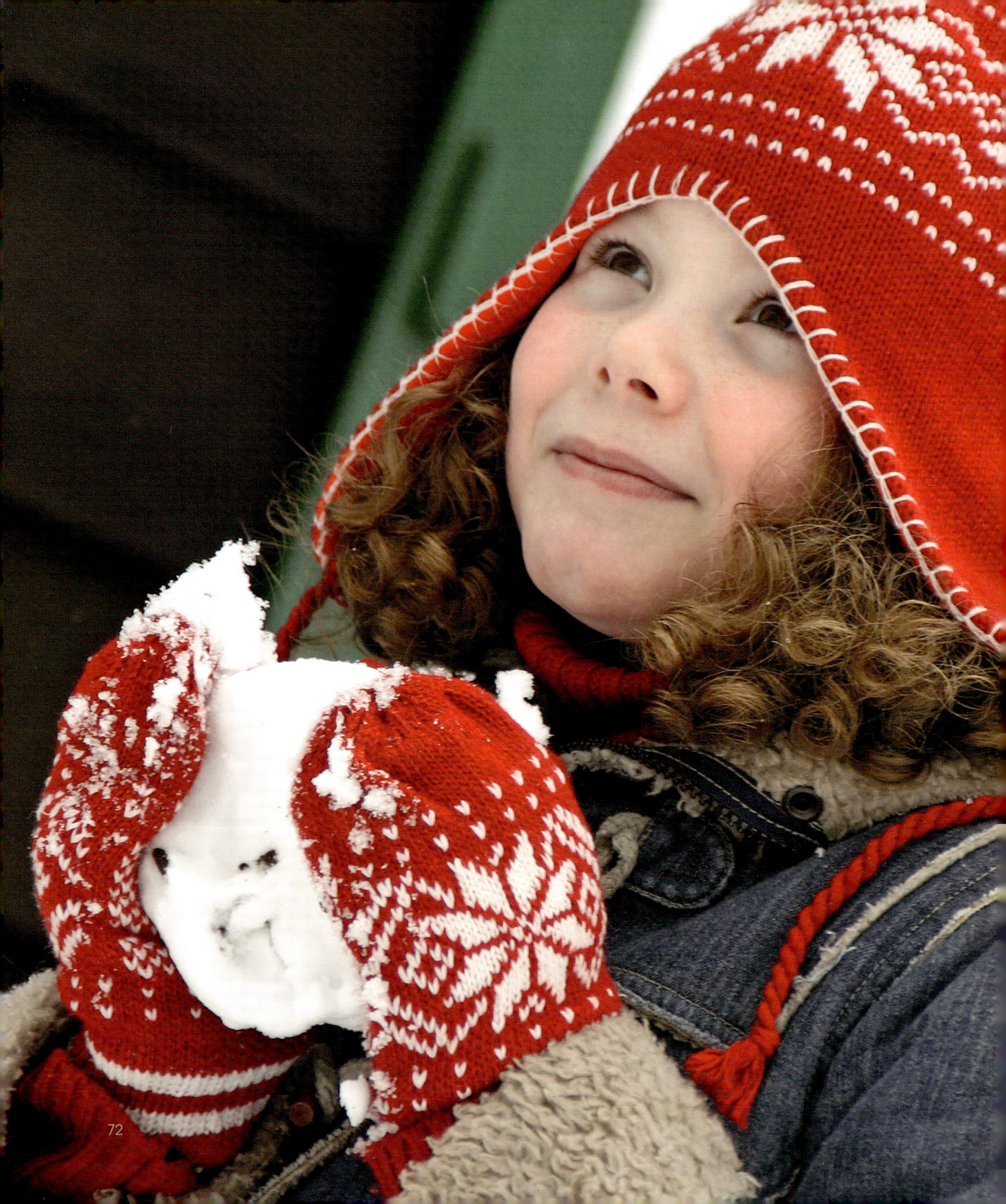

Die Geräusche von draußen klingen gedämpft, und ein anderes Licht scheint durch das Schlafzimmerfenster. Beim Aufwachen weiß man es sofort. Es hat geschneit! Schnell anziehen und hinaus, Mütze auf und warme Fäustlinge an. Erst gehen wir Schlittenfahren und dann bauen wir zusammen einen Schneemann!

Soweit das Auge reicht, ist das Land in eine starre weiße Decke gehüllt. Es wird ein herrlicher Tag, um draußen zu sein. Eine Fahrt mit Pferd und Wagen durch den unberühr-

Waldhütte in einer weißen Winterwelt

ten, stillen Wald. Das Knistern des Schnees und die fröhlichen Stimmen der Kinder auf dem Bock sind die einzigen Geräusche. Ein unerwarteter Genuss!

Schneeflöckchen, Weißröckchen, wann kommst du geschneit? Du wohnst in den Wolken, dein Weg ist so weit.

Aus einem Kinderlied von Hedwig Haberkern (Text)

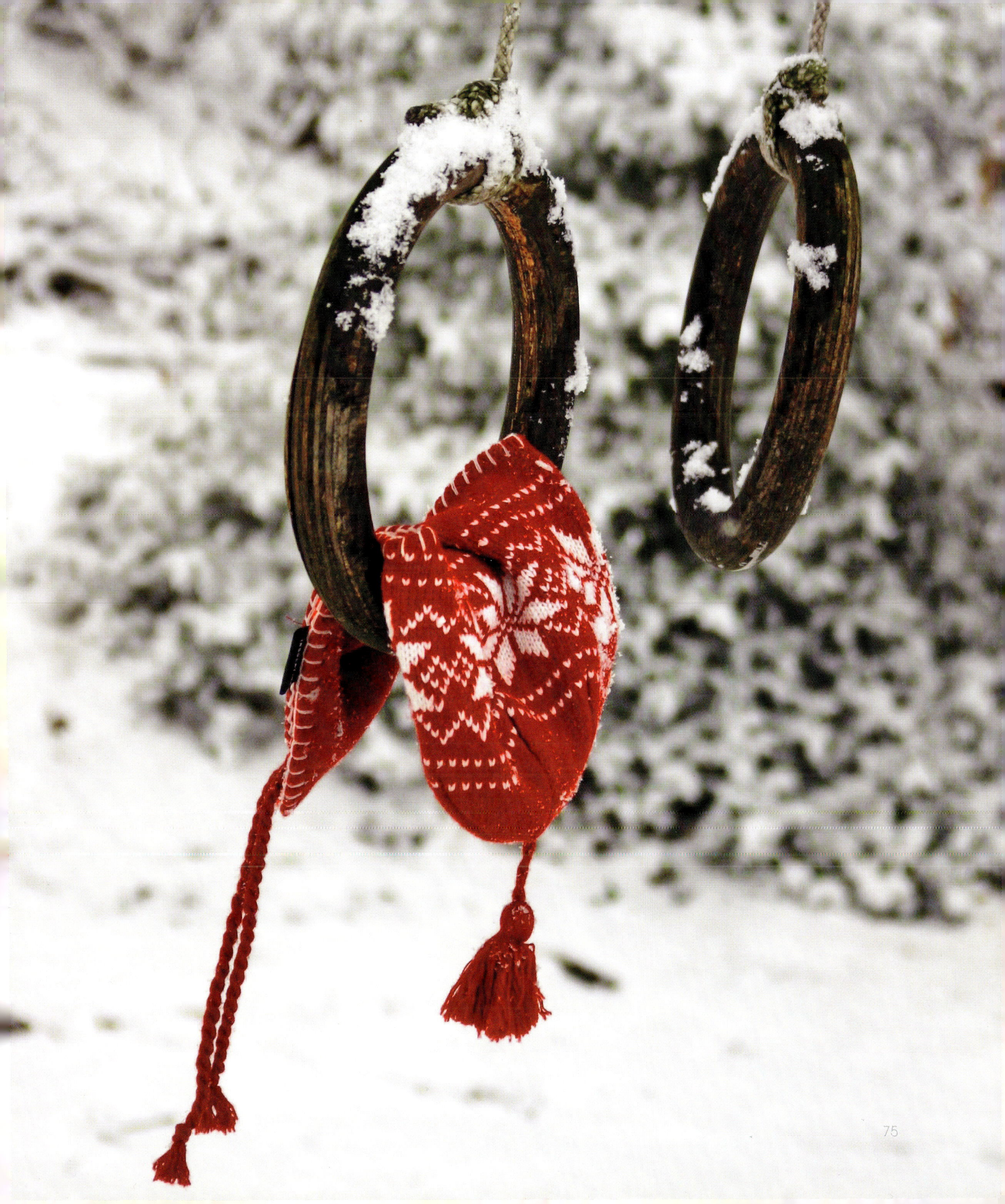

① Auf einem zugefrorenen Teich in der Nähe kann man Pirouetten üben. ② Wenn genug Schnee liegt, bauen wir zusammen den schönsten Schneemann mit Augen aus Kohlen und einer Möhrennase.

Winterhütte

Im Herzen der Veluwe, dem größten zusammenhängenden Waldgebiet der Niederlande, steht in ländlicher Umgebung am Waldrand eine rustikale Waldhütte. Das idyllisch gelegene Chalet ist aus authentisch dunkel gebeizten Holzplanken gebaut und hat schöne Details wie zum Beispiel Fenster mit kleinen Scheiben und Läden. Der vordere Teil des Hauses hat einen Erker mit Flügeltüren und einen halboffenen Eingangsbereich mit einem Zaun. Der Eingang hat etwas Anheimelndes, das dem Haus seinen besonderen Charme verleiht. Das frische Weiß und das Grün der Holzteile betonen den Gebirgscharakter. Das Haus hat die rustikale Ausstrahlung einer Almhütte. Hier zu wohnen bedeutet in allen Jahreszeiten dicht bei der Natur zu leben. Der Winter ist eine besondere Jahreszeit, vor allem, wenn das weite Panorama in eine Schneedecke gehüllt ist. Dann scheint es, als ob man für immer in einem folkloristischen Wintermärchen Urlaub macht, einem wahr gewordenen Märchen von einem Winter mit viel Schnee, wie es ihn früher gab. Man kann sich auf einen schönen Nachmittag draußen mit Familie oder Freunden freuen, Schneebälle werfen oder auf Schlittschuhen seine Kreise ziehen. Mit roten Wangen und kalten Füssen geht man dann zusammen wieder hinein, um sich am Holzofen aufzuwärmen. Die Kinder trinken heiße Schokolade und machen ein Spiel. Für die Großen gibt es heißen Glühwein, und am knisternden Holzfeuer kommen die Geschichten wie von selbst. Wenn der Abend kommt, werden die Kerzen angezündet, und es wird bis spät in die Nacht geredet.

Würziger Glühwein nach alter Art

Zutaten:

400 ml Wasser	1 Tasse Cognac
2 Zimtstangen	0,75 l Rotwein
6 Gewürznelken	1 Teelöffel Zimt
dünne Schale einer halben Zitrone	1 Tasse roter Portwein
10 Esslöffel Zucker	1 gestrichener Teelöffel Muskatnuss

Das Wasser, die Zimtstangen, die Gewürznelken und die Zitronenschale in einen Topf geben und fast zum Kochen bringen. Den Zucker, Cognac und Rotwein dazu geben. Das Getränk bei schwacher Hitze erwärmen. Nach ca. 5 Minuten die Zimtstangen, die Nelken und die Zitronenschale entfernen. Zimt und Portwein dazu geben. Etwas Muskatnuss ins Glas streuen und den heißen Wein darüber gießen.

Weihnachtssocken

Vor dem Schlafzimmerfenster hängt eine Dekoration aus traditionellen Weihnachtssocken. Hoffentlich sieht der Nikolaus sie nachts gut und füllt sie mit Geschenken. Die Weihnachtssocken (Christmas stockings) sind eine amerikanische Tradition und erinnern an den Stiefel, den man für den Nikolaus bereitstellt. Diese gestrickten Strümpfe in den traditionellen Weihnachtsfarben rot, weiß und grün haben authentische Motive – Tannenbäume, Schneeflocken und Weihnachtsmänner, und sind am oberen Rand mit weisen Pompons verziert. Die Strümpfe werden an einem schönen, weiß gefärbten Ast aus dem Wald aufgehängt. Dazwischen hängen an Folklorebändern nette Verzierungen aus Holz und rot-weiß kariertem Stoff.

① **Volkskunst aus Russland** Aus Russland und der Ukraine kommen die Babuschkapuppen; der ursprüngliche russische Name ist Matrioschka, was „Mutter der Familie" bedeutet. In der großen Mutterpuppe befinden sich die immer kleiner werdenden Püppchen. Dieses Ineinanderstecken von Figuren wird als Symbol für die Ewigkeit gesehen. Die Babuschkas werden aus weichem Lindenholz gemacht und von Volkskünstlern kunstfertig bemalt. Diese Babuschka ist mit einer besonderen Technik hergestellt, sie wurde erst gebrannt, dann bemalt und mit Blattgold verziert.

② **Eiskristalllicht für draußen** Mit wenig Mühe erzielen Sie einen großen Effekt. Alles, was Sie brauchen, ist eine Form (Nice Ice Cooler), Wasser und Temperaturen unter Null. Wenn es stark genug friert, haben Sie lange Freude an einer Eislaterne. Das Kerzenlicht scheint so schön durch das durchsichtige Eis. Mit einer besonderen Schablone in Form eines Sterns können Sie diese Eislaterne draußen in der Kälte oder einfach in der Gefriertruhe herstellen. Für besonders helles Eis verwenden Sie destilliertes Wasser.

③ Ein neuer Wohntrend ist die Mischung verschiedener Folklorestile zu einem spannenden Ganzen. Norwegisches Strickwerk lässt sich gut mit französischen Schnitzereien und russischen Blumenmotiven kombinieren.

④ In der Dämmerung strahlen die Eislaternen am Schönsten. Die Eislichter wurden mit einer runden Kunststoffform hergestellt. Für zusätzlichen Glanz wurde eine transparente Kette aus Plastikperlen mit eingefroren.

79

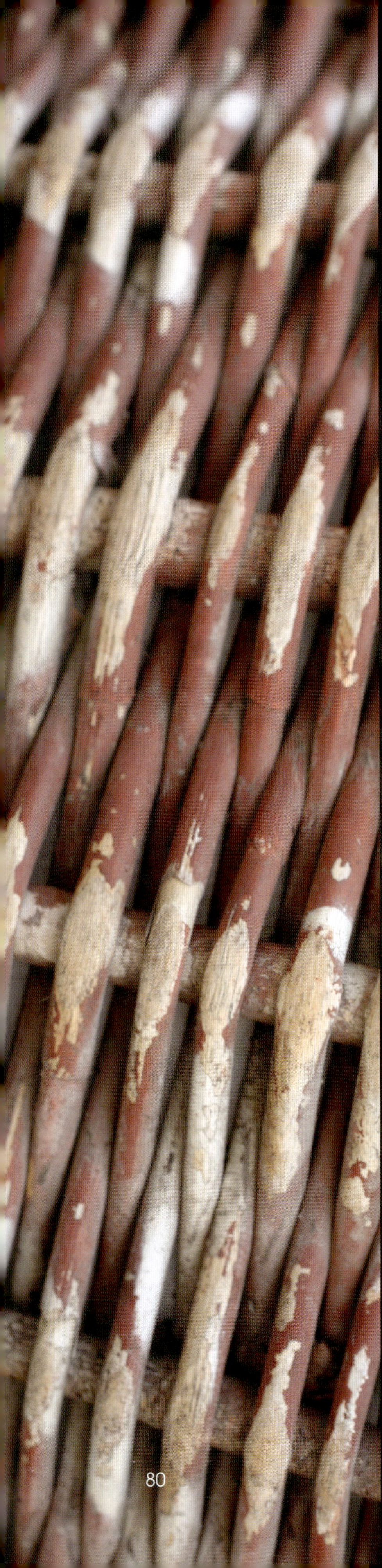

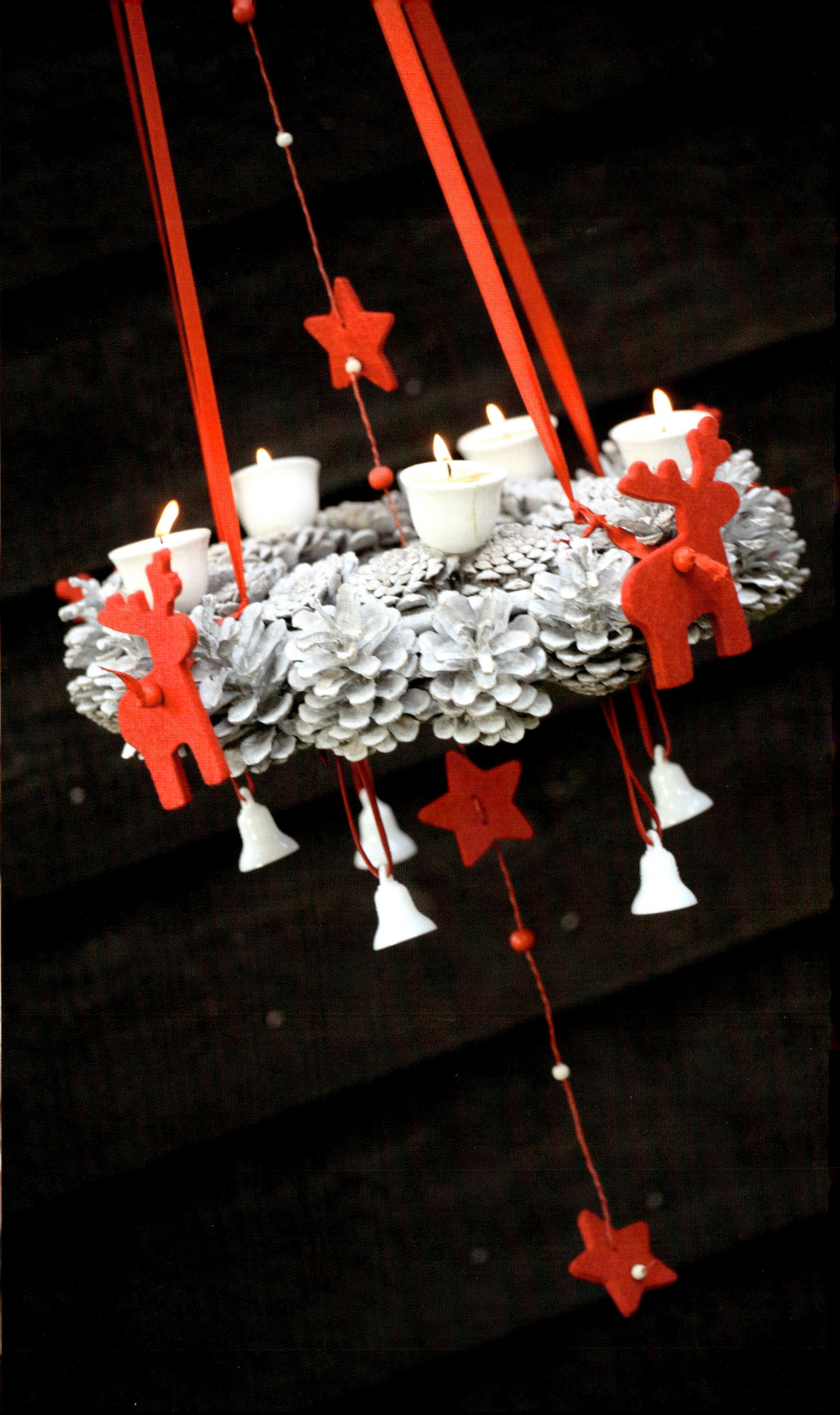

Kling Glöckchen klingelingeling

Einen Kranz aus natürlichem Material kann man fertig kaufen, aber man kann auch selbst einen persönlichen Kranz aus Tannenzapfen, die man im Wald gefunden hat, machen.

Weiß besprüht und mit ein paar Rentieren und Sternen aus rotem Filz, kleinen weißen Glöckchen und Miniwindlichtern dekoriert ist es ein stimmungsvoller Willkommenskranz für die Haustür. Im Wind klingeln die Glöckchen leise.

Nötig:

Eisendraht	1,15 m rote Schmuckkordel
30 Tannenzapfen	Filzsterne
1 Bambusreifen, 22 cm Durchmesser	Holzperlen
weißes Farbspray	6 weiße Glöckchen
4 m rotes schmales Band	5 Minischälchen mit Teelichtern
4 Rentiere aus Filz	rotes Lederband
4 Holzperlen	Heißkleberpistole

Arbeitsanleitung:

Mit dem Eisendraht ungefähr 13 Tannenzapfen umgekehrt an der Innenseite des Rings befestigen. Die übrigen 17 Tannenzapfen aufrecht stehend an der Außenseite des Rings befestigen. Den Kranz einmal besprühen, so dass die Struktur der Tannenzapfen noch sichtbar ist.

Das rote Band in vier gleichlange Stücke schneiden und diese an vier Stellen in den Kranz knoten. An den Enden noch ungefähr 10 cm übrig lassen, und die Rentiere daran festzubinden. Mit einer Holzperle als Verzierung abschließen.

Die Bänder zusammenbinden, um den Kranz aufzuhängen. Die Schmuckkordel mit den Sternen in der Mitte festknoten. Die Glöckchen ungleichmäßig verteilen, um einen nonchalanten Effekt zu erzielen. Zum Festbinden braucht man pro Glöckchen 20 cm Lederband.

Die fünf Windlichter zwischen den Bändern auf dem Kranz verteilen, aber wegen Brandgefahr genügend Abstand zu den Bändern halten. Mit dem Heißkleber werden sie auf der flachen Innenseite des Kranzes (der Unterseite der Tannenzapfen) festgeklebt.

Dann ist der Kranz fertig und kann aufgehängt werden.

82

Das Dessert als Knaller des Abends ✷

Zutaten:

fertige Törtchen
Vanillepudding
Erdbeeren
rote Johannisbeeren
Schlagsahne

Zubereitung:

Gebäck schmeckt nicht nur lecker zum Kaffee, sondern kann auch zum Nachtisch serviert werden. Ein Dessert mit frischem Obst und einem Tupfen Schlagsahne ist angenehm erfrischend und passt zu jedem Essen.

Die Törtchen sind mit einer dünnen Schicht lauwarmem Vanillepudding gefüllt. Darauf kommen Erdbeerscheibchen, rote Johannisbeeren und ein Tupfen geschlagene Sahne. Es ist ein klassisches Dessert, das einfach zu machen ist (auch wenn unerwartet Besuch kommt), das aber durch die Präsentation spektakulär wirkt.

Im Eislicht wurden frische Erdbeeren mit eingefroren, und besonders festlich ist die rote Girlande, mit der eine Auffangschale aus rostfreiem Stahl verziert ist. Eine Kerze im Eislicht gibt einen schönen Schein auf die Früchte im Eis.

Richten Sie das Dessert auf einem passenden Tablett an. Falls das Tablett farblich nicht passt, kann man ein Stück Stoff oder ein Tischset in einem passenden Farbton darauf legen. Zum Schluss die Wunderkerzen für einen sprühenden Effekt anzünden.

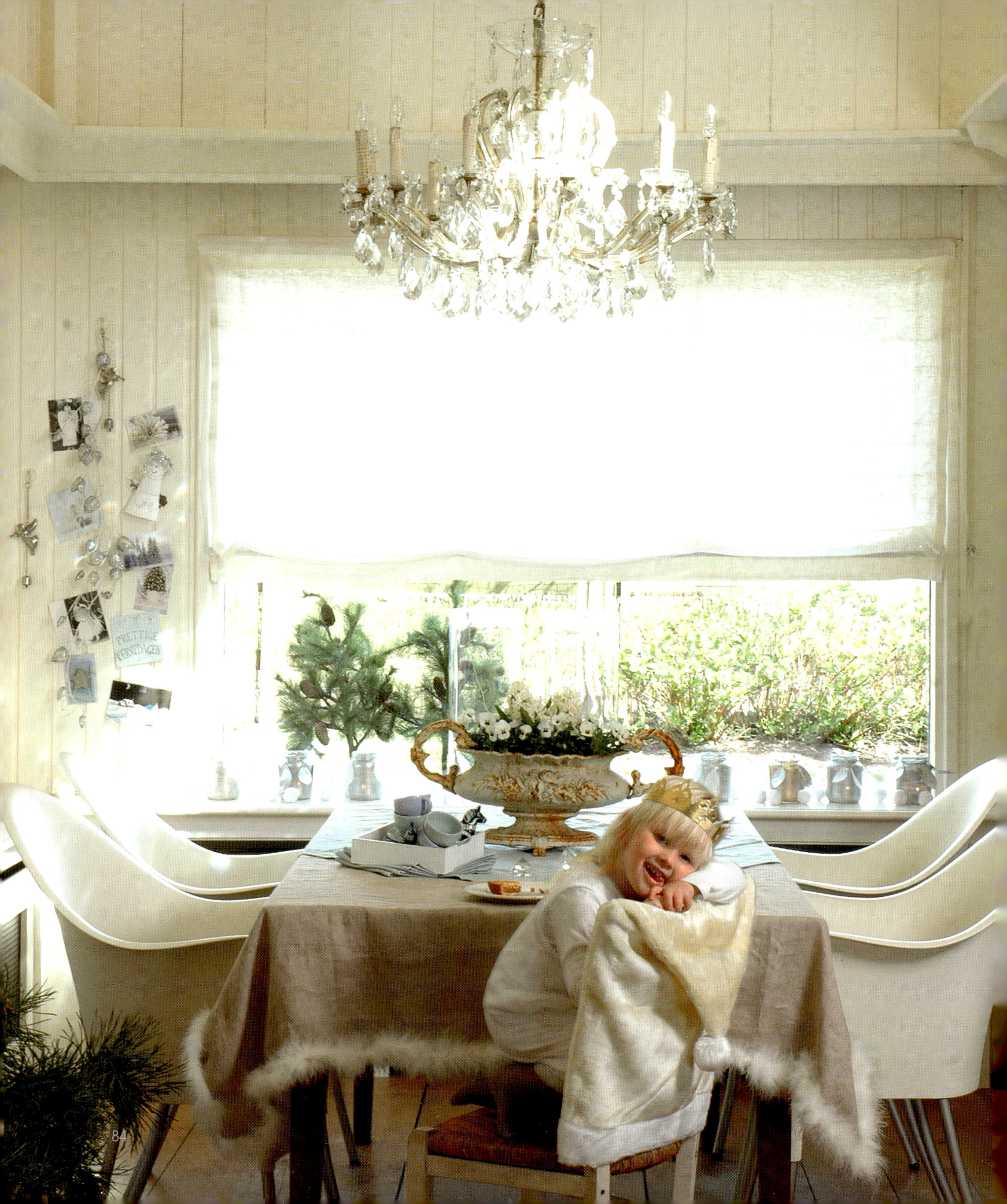
PRETTIGE
KERSTDAGEN

Das diffuse Licht und die imposanten Wolkengebilde, in denen prächtige weiße, zartblaue und silbergraue Farbtöne zusammenkommen, sind so typisch für den hohen Norden. Durch die Spiegelung des Wassers der vielen Seen in Schweden ist dort das Tageslicht hell und frisch. Bei der Einrichtung bildet Weiß oft die Grundlage, verschiedene Weißschattierungen werden nebeneinander verwendet. Durch die Kombination von kühlem Milchweiß, gelblichem Strohweiß und dem zerbrechlichen Weiß von dünnem Porzellan mit hellem Birkenholz und strengen Formen und hier und da einigen verwitterten Elementen aus der Natur entsteht die typisch helle Atmosphäre. Wenn die Sonne scheint,

Weihnachtshaus im Nordlicht

sorgt die Palette der Weißtöne für schöne Lichteffekte. Und während der langen dunklen skandinavischen Winter gibt das ein angenehmes Gefühl.

Die Tradition von **Santa Lucia**

Eine jahrhundertealte **Tradition** ist die Feier des Luciafestes in **Schweden**. Die **Legende** erzählt, dass Lucifer in der Nacht zum **13. Dezember** sein Unwesen trieb. Türen und Fenster wurden verriegelt, und man wartete **ängstlich** auf das erste Morgenlicht. Dieses Licht kam in Gestalt der Lucia, einem Lichtwesen. Heutzutage wird am Morgen des 13. Dezember überall in Schweden das **Luciafest** gefeiert: in der Schule, zu Hause, **überall**. **Zu Hause** ist eine der Töchter die Lucia. In einem **weißen Kleid** mit einem roten Band um die Taille und einer **Lichterkrone** auf dem Kopf weckt sie die **Familie** mit einem Tablett mit Kaffee und **„Lussekatter"**, dem traditionellen Safrangebäck. Der Kaffee wird auch oft durch **„Glögg"**, eine schwedische Variante des **Glühweins,** ersetzt. Es ist ein **schöner** Gedanke, dass Lucia nach der langen, **dunklen Nacht** das (Kerzen-)Licht bringt.

87

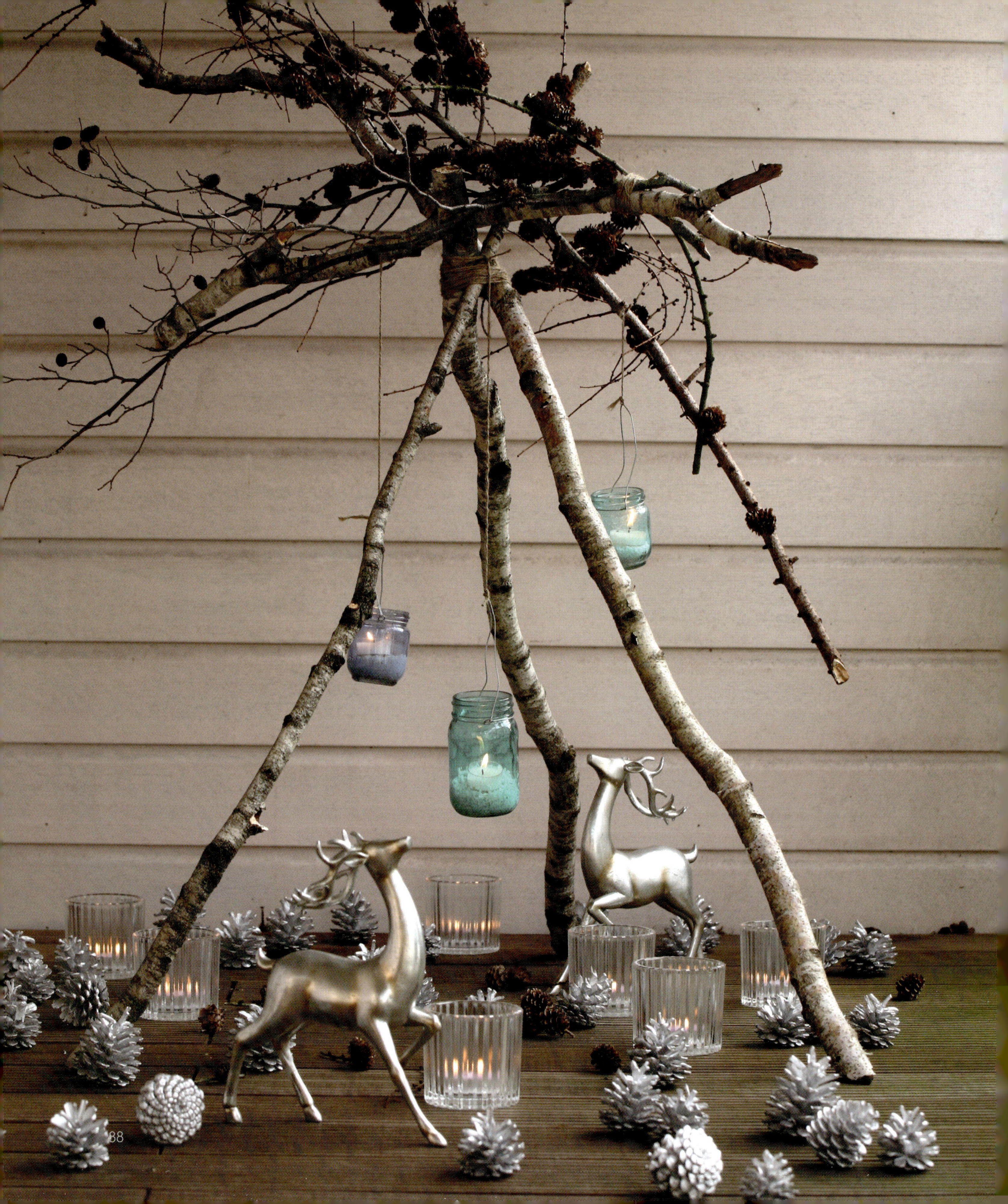

Baum aus Reisig

Draußen auf der Terrasse steht statt eines traditionellen grünen Weihnachtsbaums ein alternativer Baum aus gesammelten Ästen und Zweigen. Drei ungefähr gleichlange Birkenäste sind mit einer Schnur fest zusammengebunden. An der Spitze ist ein kleinerer Ast horizontal festgebunden und daran eine wilde Krone aus Zweigen mit kleineren Zapfen, darunter Lärchenzweige, befestigt. An den Zweigen baumeln blaue Windlichter aus Glas. Der Plankenboden ist mit silbernen Tannenzapfen übersät, dazwischen stehen einfache gläserne Windlichter und elegante silberfarbene Hirsche.

Dies ergibt eine schöne, ruhige Kombination, bei der das echte Kerzenlicht für eine Märchenstimmung sorgt.

① Ein Stuhl, der mit einem gefundenen Kiefernast verziert ist, wird zu einem perfekten Stillleben mit leuchtenden Engelchen. Durch den unregelmäßig geformten Ast wirkt das Ganze locker und ungezwungenen. ② Die antike Gartenvase ist gefüllt mit duftenden Hyazinthen, kleinen weißen Stiefmütterchen und Winterzweigen. Der Kontrast der zarten weißen Blümchen und der von Wind und Wetter gezeichneten rostigen Gartenvase ist rein und schön! ③ Die heiße Schokolade bleibt auch wirklich heiß unter dem Deckelchen aus weißem Schaumgebäck mit Schokolade. ④ Manchmal braucht man nur sehr wenig, um dem Esstisch eine persönliche Weihnachtsstimmung zu verleihen. Die Namensschilder an den Gläsern sind kleine 3D-Kunstwerke, eine nette Aufmerksamkeit für die Gäste und gleichseitig subtiler Tischschmuck.

Traditionelles Dessert

Weihnachten und Neujahr sind die Feste der traditionellen Plätzchen, des herrlichen Gebäcks und der winterlichen Nachtische. Die Liste unserer heimischen Spezialitäten ist lang und regional sehr unterschiedlich (von Anisplätzchen bis Silvesterkrapfen).

Die Schweden haben ihren „Pepparkakor", der etwas an Spekulatius erinnert. In Spanien essen sie zum Jahreswechsel „Churros", eine Art längliche Krapfen, und Trauben. Um zwölf Uhr wird bei jedem Schlag eine Traube verzehrt. Dies soll Glück für das nächste Jahr bringen.

Eine andere schöne Tradition kommt aus Frankreich. Anfang Januar zum Dreikönigsfest wird beim Mittagessen als Nachtisch die „galette des rois" gegessen. In diesem flachen Kuchen mit Mandelfüllung ist ein „fève", ein kleines Porzellanfigürchen, versteckt. Die Tradition will, dass das älteste Familienmitglied den Kuchen anschneidet und das jüngste die Stücke verteilt. Derjenige, der das Stück Kuchen mit dem „fève" hat, ist der „roi" (König) oder die „reine" (Königin). Er oder sie bekommt eine goldene oder silberne Krone aus Pappe und darf sie den ganzen Tag tragen.

Tipp Die Pappkrone Einen Streifen dünne, goldfarbige Pappe von 54 x 7 cm nehmen, mit der Rückseite nach oben flach hinlegen und 3 cm vom unteren Rand entfernt eine horizontale Linie über den ganzen Streifen ziehen. Ab dieser Linie 10 Spitzen über den Streifen verteilt abzeichnen. Die Spitzen ausschneiden und den oberen Rand mit einem Perforationsmuster in Form eines Eiskristalls, einer französischen Lilie o.ä. verzieren. Die Enden zusammennieten, und fertig ist die Krone.

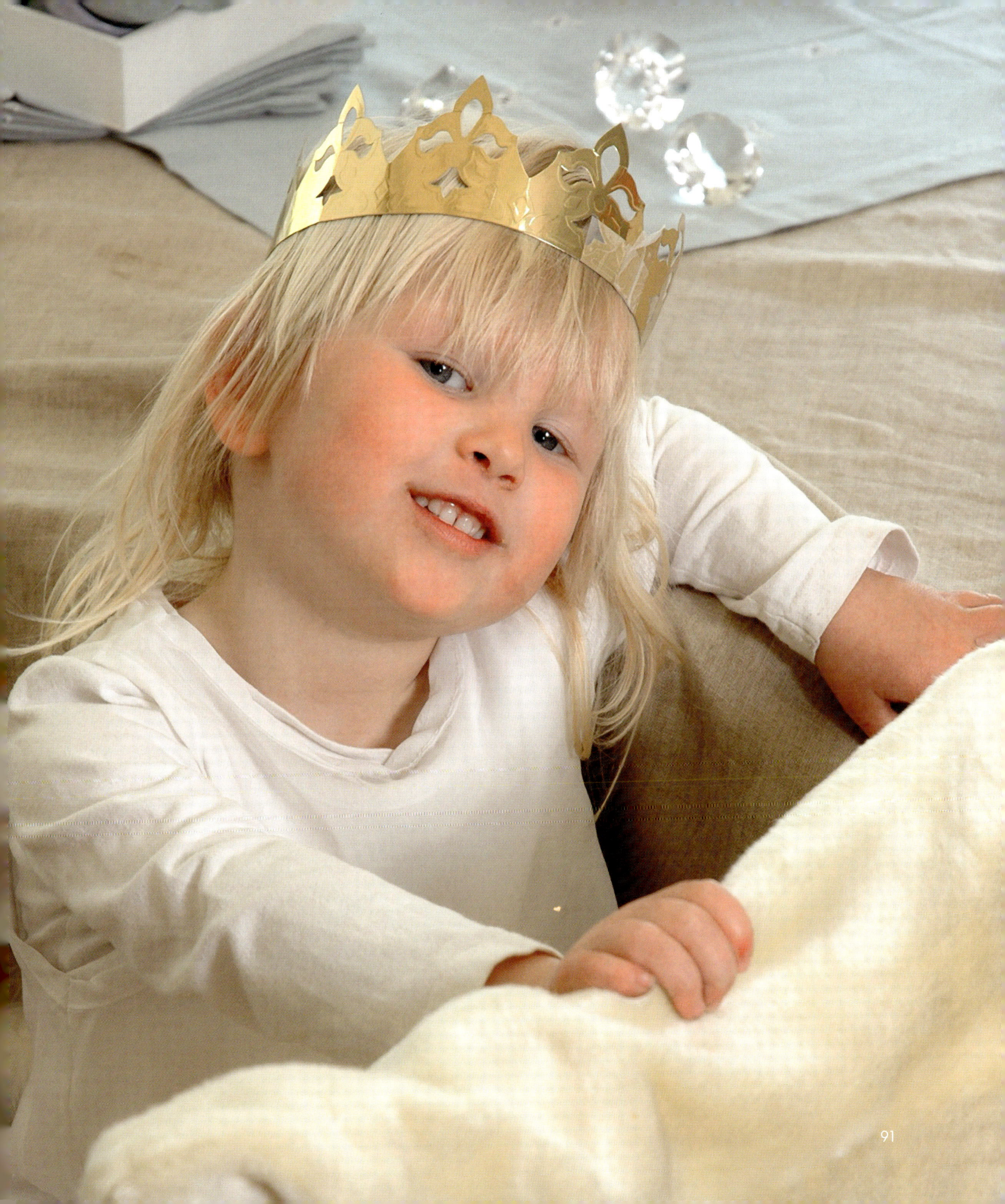

92

Galette des rois ★

(für 6 Personen)

Zutaten für den Teig:

8 Blatt aufgetauten Tiefkühl-
    blätterteig

1 Eigelb, verquirlt

Für die Füllung:

125 g geschälte Mandeln

125 g Butter

60 g Kristallzucker

60 g brauner Zucker

1 Päckchen Vanillezucker

2 Eier

1 Esslöffel Rum

1 Porzellanfigürchen

oder alternativ

1 ganze Mandel

(sicher besser für die Zähne!)

1 Springform von 24 cm
Durchmesser

Zubereitung:

Den Ofen auf 170°C vorheizen.

Die Springform mit etwas Butter einfetten. Die Mandeln fein mahlen. Die Butter in der Mikrowelle etwas weich werden lassen, aber nicht ganz zerlassen. Die gemahlenen Mandeln mit den beiden Sorten Zucker, dem Vanillezucker, den Eiern, dem Rum und der weichen Butter in eine Schüssel geben und alles mit dem Mixer verrühren.

4 Blätter des Blätterteigs zu einer runden Platte von ca. 28 cm ausrollen und den Boden der Springform damit belegen. Die Füllung in die Form geben und das Figürchen/die Mandel hineinstecken.

Den restlichen Blätterteig zu einer zweiten runden Platte von ca. 28 cm ausrollen und die Füllung damit bedecken. Den Rand etwas andrücken, so dass er gut verschlossen ist. Die Oberseite mit dem verquirlten Eigelb bestreichen. Mit einem Messer ein Muster in den Teig drücken. Den Kuchen 25 – 35 Minuten backen.

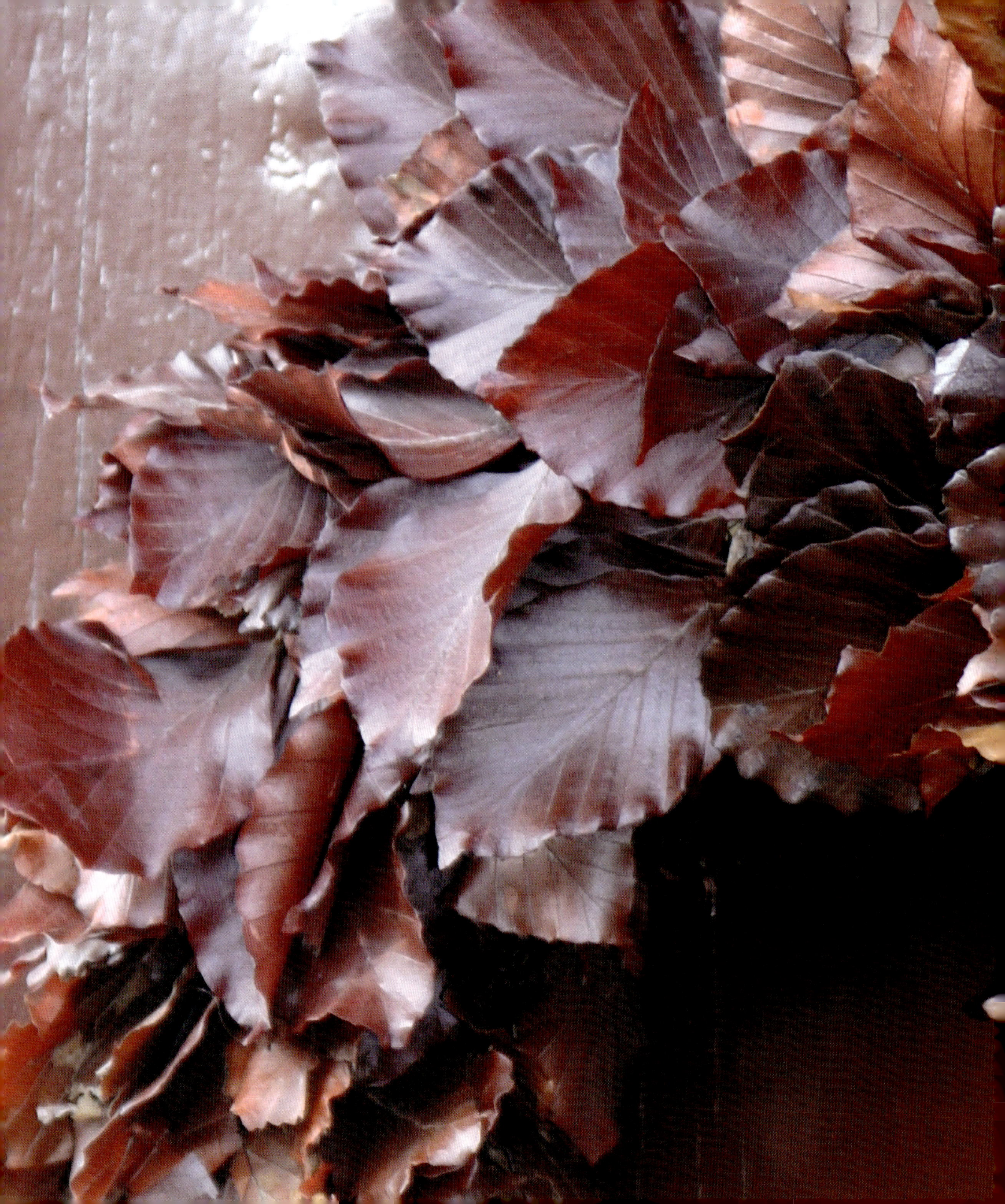

Moderner Stil
Natur & Inspiration

- „Ökodekoration" für Drinnen und Draußen
- Schnelle Festdekorationen in neuem Rot
- Winterterrasse mit Blumenideen
- Winternachtstraum

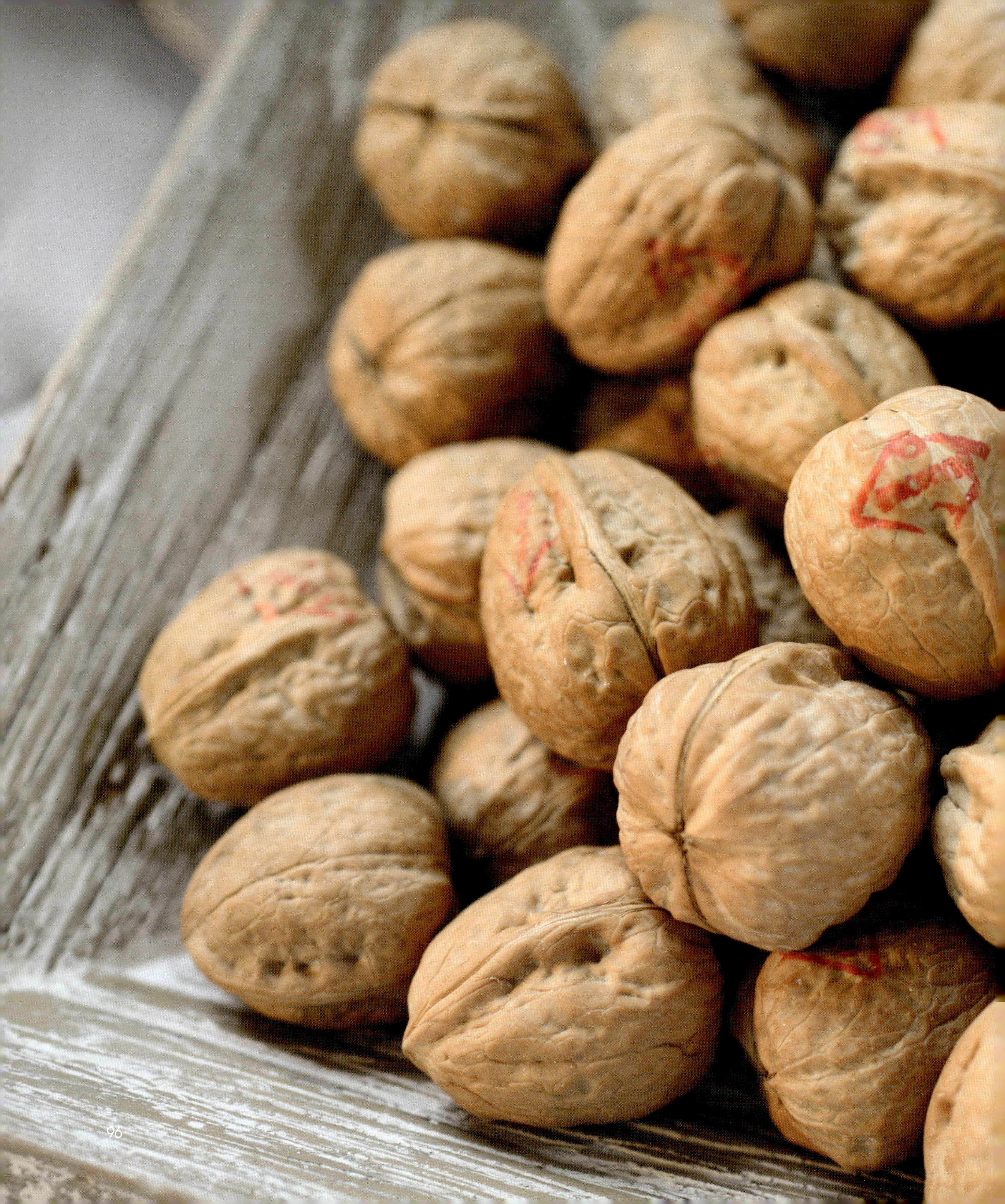

Der Herbst ist die Erntezeit von Früchten, Nüssen und Beeren. Im Oktober können Sie in Hülle und Fülle die reifen Äpfel, Birnen, Pflaumen, Feigen, Walnüsse und Kastanien genießen. Am Besten schmecken sie frisch vom Baum gepflückt. Verarbeiten Sie sie zum Beispiel zu herrlichen Marmeladen und Chutneys oder backen Sie damit eine leckere Torte. Herbst bedeutet auch, so lange wie möglich draußen zu sein, den Garten winterfest zu machen und ein bisschen auf der Terrasse nachzusommern.

„Ökodekoration" für Drinnen und Draußen

Die Blütezeit der Blumen und Pflanzen im Garten nähert sich dem Ende und fast alle Blätter sind gefallen. Im Wald finden Sie jetzt einen Reichtum an Tannenzapfen, Eicheln und prächtig gefärbten Blättern, die sich gut zum Dekorieren von Haus und Terrasse eignen.

Eine **Bank** mit ihrer eigenen Geschichte

Irgendwann, **vor** langer Zeit, war diese **Bank** aus Teakholz ein Prunkstück auf einem **Bahnhof** in Indien. Erschöpfte Reisende in farbenfrohen Gewändern nahmen auf den in grellem Türkis gestrichenen Latten Platz. Da die Bank jahrzehntelang **intensiv** von den Reisenden genutzt wurde, gaben ihre **Beine** irgendwann nach, und sie musste für eine modernere **Version** Platz machen. Hat es sich so abgespielt? Möglich ist es sicher.

Manchmal erhält ein **Möbelstück** ein neues **Leben** auf der anderen Seite der Welt. Möbel mit einer **Geschichte** werden authentische Objekte, restauriert oder einfach schön, so wie sie waren. **Verwittert** und angenagt vom Zahn der Zeit.

Die abgeblätterte **Farbe** verleiht der Bank eine pure **Ausstrahlung** und bildet ein **harmonisches** Ganzes mit dem **Bewuchs** des immergrünen Efeus und dem Blätterdach des Blauregens. Die Beine wurden durch kräftige Stahlstangen ersetzt, an denen die Bank aufgehängt wurde.

Jetzt ist die koloniale Bank eine **Schaukelbank** und damit ein einmaliger **Blickfang** und ein **Platz** zum Faulenzen im Garten. Ein eigenes Plätzchen, wo man zwischendurch zur **Ruhe** zu kommen kann.

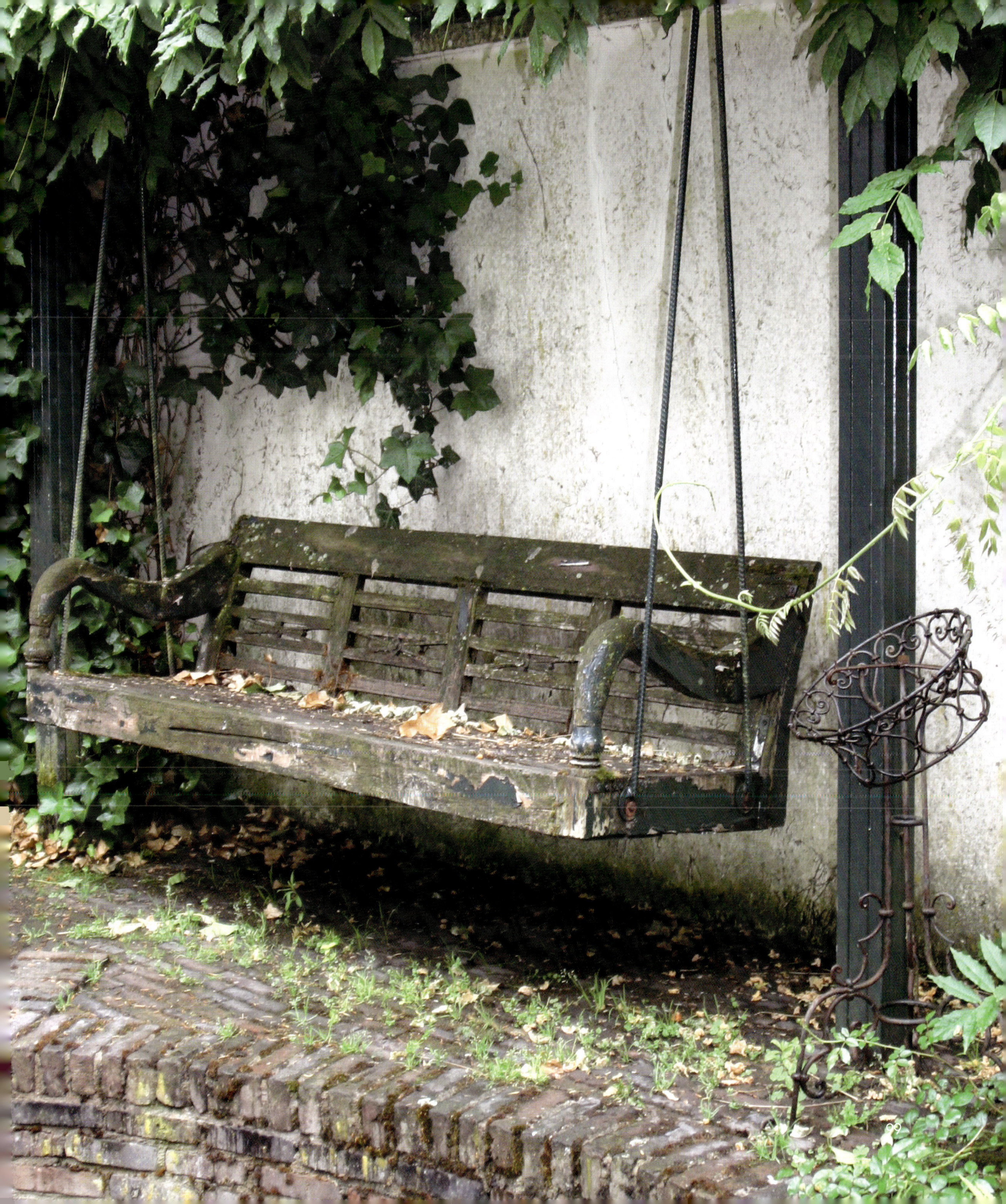

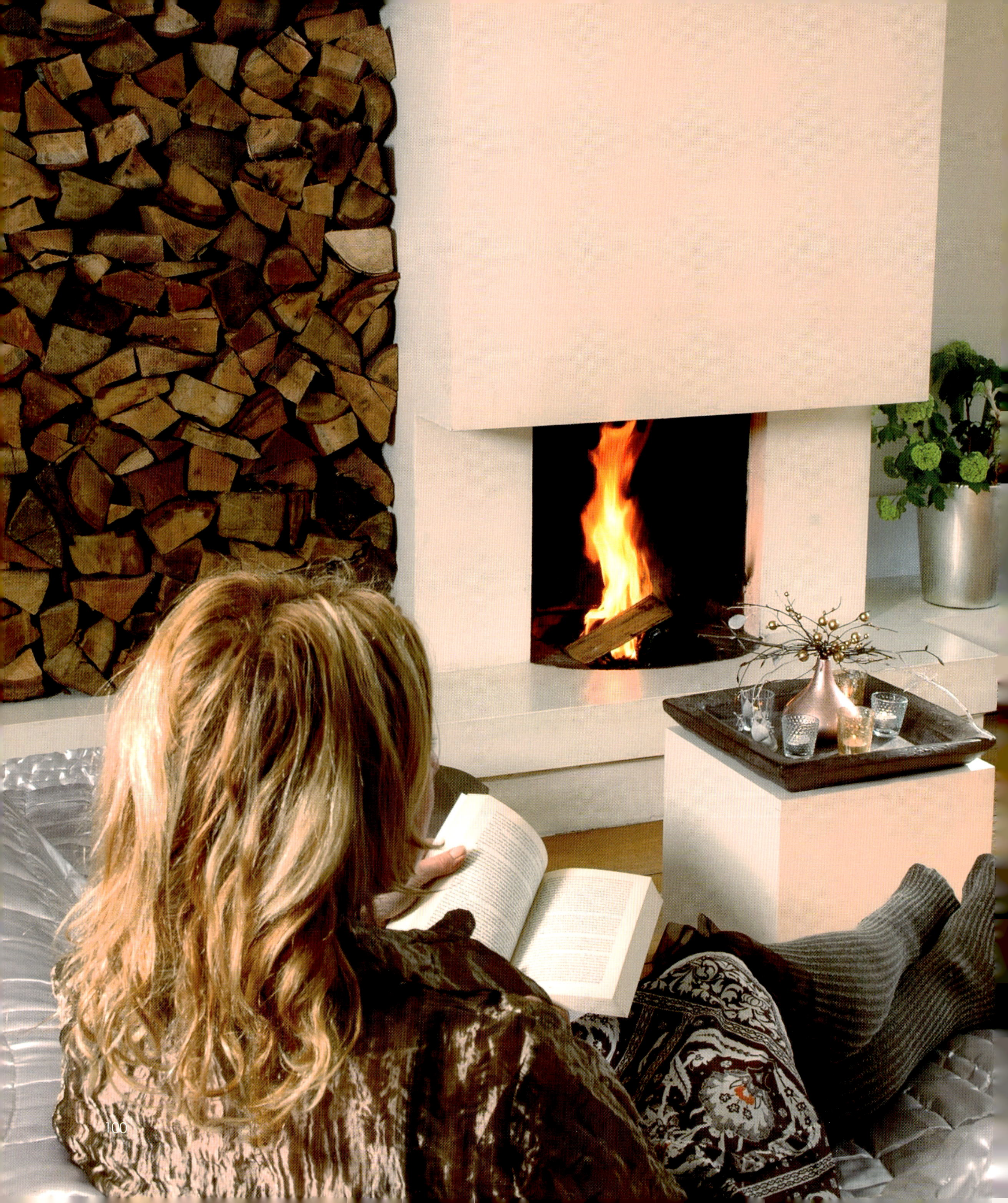

Drinnen + Draußen = 1

Der Herbst ist die Jahreszeit, in der man das Leben im Freien noch in vollen Zügen genießen kann. Tagsüber ist die Temperatur noch angenehm. Das Leben drinnen und draußen geht ineinander über. Der Garten und die Terrasse sind ein Teil des Wohnzimmers. Die Gartenmöbel von heute sind beständig und wetterfest und können draußen überwintern, die Natur wird nach drinnen geholt. An einem warmen Herbsttag öffnen Sie die Terrassentüren, und die letzten Sonnenstrahlen erwärmen das Haus. Wenn es gegen Abend etwas kühler wird, ist es Zeit, ein Feuer im offenen Kamin zu machen und dann gemütlich der Länge nach auf dem Sofa zu liegen. Ganz vertieft in ein gutes Buch kann man einen Moment für sich allein genießen, und das einzige Geräusch ist das prasselnde Kaminfeuer.

Das Wohnzimmer atmet die ungezwungene Stimmung von draußen, und ein besonderes Element ist die Wand mit dem hoch aufgestapelten Feuerholz. Der Holzvorrat sorgt für einen lebendigen und ständig wechselnden Effekt.

Die Einrichtung ist geschmückt mit „Ökodekorationen", mit schönen Kränzen aus natürlichem Material und Bündeln von Zweigen und Beeren mit einem Hauch von Glanz und Glitter.

① Die luxuriöse Schönheit von Gold, Silber und Kupfer. Metallfarben liegen im Trend und glänzen ganz besonders in Kombination mit natürlichen Materialien und Strukturen. ② **Eine Kombination, die man hegen sollte** Ökologisches Bewusstsein liegt wieder im Trend und zeigt sich in neuem Interesse für natürliche Materialien und organische Formen. Für einen natürlichen Akzent braucht man nicht viel, die Natur ist bereits von selbst schön. Ein paar Zweige und frischgrüne Blüten des Schneeballs (Viburnum) sind locker in einem großen silberfarbenen Blumentopf angeordnet. Der Effekt ist pur, einfach und festlich. ③ **Sprühender Glanz von Luxus und Schlichtheit** Der weiße Kubustisch ist mit einer robusten Steingutschale bedeckt, darauf stehen eine Sammlung kupferfarbener Craquelé-Windlichter und eine perlmuttrosa Vase mit einem Sträußchen weißgesprühter Eukalyptuszweige und einem Kunstzweig mit goldfarbenen Beeren. Der warme rosa Glanz der Vase und die raue Oberfläche der braunen Schale bilden einen schönen Kontrast zu der weißen Umgebung. Für einen besonders festlichen Effekt wurde über das Sofa ein großer silberfarbener Satinquilt gelegt. ④ Der dunkelbraune Fensterladen ist mit einem Kranz aus rotbraunem Herbstlaub geschmückt.

Glitter und Glimmer auf dem Gartentisch

Ein Kranz aus silbernen Eicheln, eine Dekokugel und ein paar Blumen sind die Zutaten zu dieser glitzernden Dekrorationstorte. Die Eicheln sind ohne Hütchen nebeneinander auf den Kranz geklebt. Durch die Wiederholung derselben Materialsorte entsteht ein strenges Linienspiel, das durch die silberne Bemalung noch verstärkt wird.

Füllen Sie die Mitte des Kranzes mit nassem Steckschaum, legen Sie die Dekokugel aus Metall in die Öffnung und füllen Sie den Rand mit Sträußchen aus graugrünem Lavendel und grüner Frühlingschristrose (Helleborus orientalis).

Goldener Walnusskranz

Nötig:

120 Eicheln oder 100 Walnüsse

Strohkranz von 32 cm Durchmesser

Heißkleberpistole

Sprühdose Silber- oder Goldfarbe

Arbeitsanleitung:

Mit dem Heißkleber die Eicheln oder Walnüsse einzeln dicht nebeneinander auf den Kranz kleben. Den Kranz danach mit Silber- oder Goldfarbe besprühen. Damit die Farbe gut deckt, mehrere dünne Schichten anbringen. Dazwischen die Farbe kurz trocknen lassen und den Vorgang mehrmals wiederholen, bis ein schöner tiefer Farbton und Glanz entsteht. Die Farbe ein paar Stunden trocknen und gut hart werden lassen, bevor weitere Dekorationen angebracht werden.

① Fast verblüht und immer noch schön ist die Blüte des Sonnenhuts (Echinacea). Den ganzen Sommer blüht die Pflanze, deren Wurzel für Mittel zur Stärkung der Abwehrkräfte verwendet wird, mit rosa und lila Blüten und schönen orangefarbenen Herzen. Im Wintergarten können die verblühten Blumen stehen bleiben. Sie sorgen mit ihren eingetrockneten, sich ins Braune verfärbenden Kugeln für einen schönen Effekt. ② Direkt aus der Natur: ein paar im Wald gefundene ergraute Tannenzapfen. Eine schöne Farbe und eine besondere Struktur. ③ **Es ist Gold, was glänzt** Der goldene Walnusskranz ist ein stimmungsvoller Akzent im Haus. Natur pur mit einem Hauch von Gold. Zwischen den golden besprühten Walnüssen sind mit durchsichtigen Blumensteckern (im Gartencenter erhältlich) kleine kupferfarbene Farnzweige gesteckt. Auf dem Kranz verteilt sind vier tannenzapfenförmige Kerzenhalter aus Metall aufgeklebt. Für einen schnellen funkelnden Effekt wurde hier in die Mitte ein Kerzenständer mit einem altsilbernen gläsernen Windlicht gestellt.

103

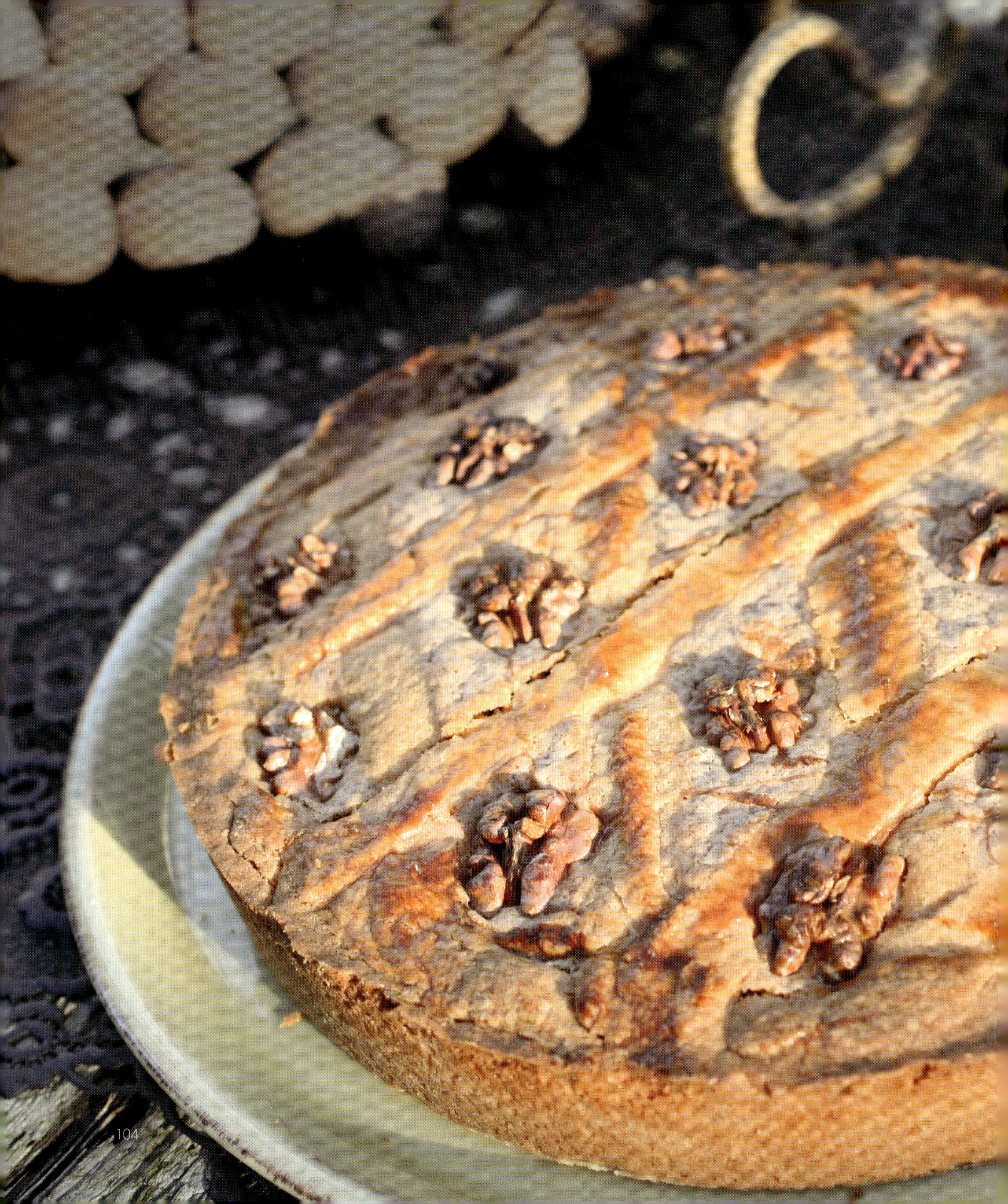

Walnusstorte ✯✯

Zutaten für den Teig:

300 g Mehl
200 g Butter
100 g Zucker
1 Ei
2 Eigelbe, verquirlt

Für die Füllung:

500 g frische Walnüsse
175 g Zucker
2 Esslöffel Blütenhonig
1 Teelöffel Zimt
2 Eiweiße, verquirlt

Zubereitung:

Den Ofen auf 180°C vorheizen. Eine Springform mit Butter einfetten.
Das Mehl mit der Butter, dem Zucker und dem Ei zu einem Mürbteig verkneten. Den Teig im Kühlschrank ruhen lassen.
Die Nüsse knacken und die Schale entfernen. 12 Nüsse halbieren und für die Garnierung bewahren, den Rest in der Küchenmaschine grob hacken. Die Nüsse zusammen mit dem Zucker, dem Honig, dem Zimt und dem verquirlten Eiweiß in eine Schüssel geben. Das Ganze zu einer streichfähigen Mischung verrühren.
Den Boden und den Rand der Springform mit drei Vierteln des Mürbteigs auslegen. Die Füllung hineingießen. Den restlichen Mürbteig auf einer bemehlten Fläche ausrollen und in lange, 1,5 cm breite Streifen schneiden. Die Streifen gitterartig über die Füllung legen. Die Walnusshälften darauf verteilen. Die Oberfläche und den Rand der Torte mit dem Eigelb bestreichen.
Die Torte auf der mittleren Schiene 40 Minuten bei 180 °C backen, dann eine Stunde abkühlen lassen.
Die Torte mit locker geschlagener, mit Zimt betreuter Sahne servieren.

Besonders lecker nach einem Tag im Freien zu echtem Cappuccino.

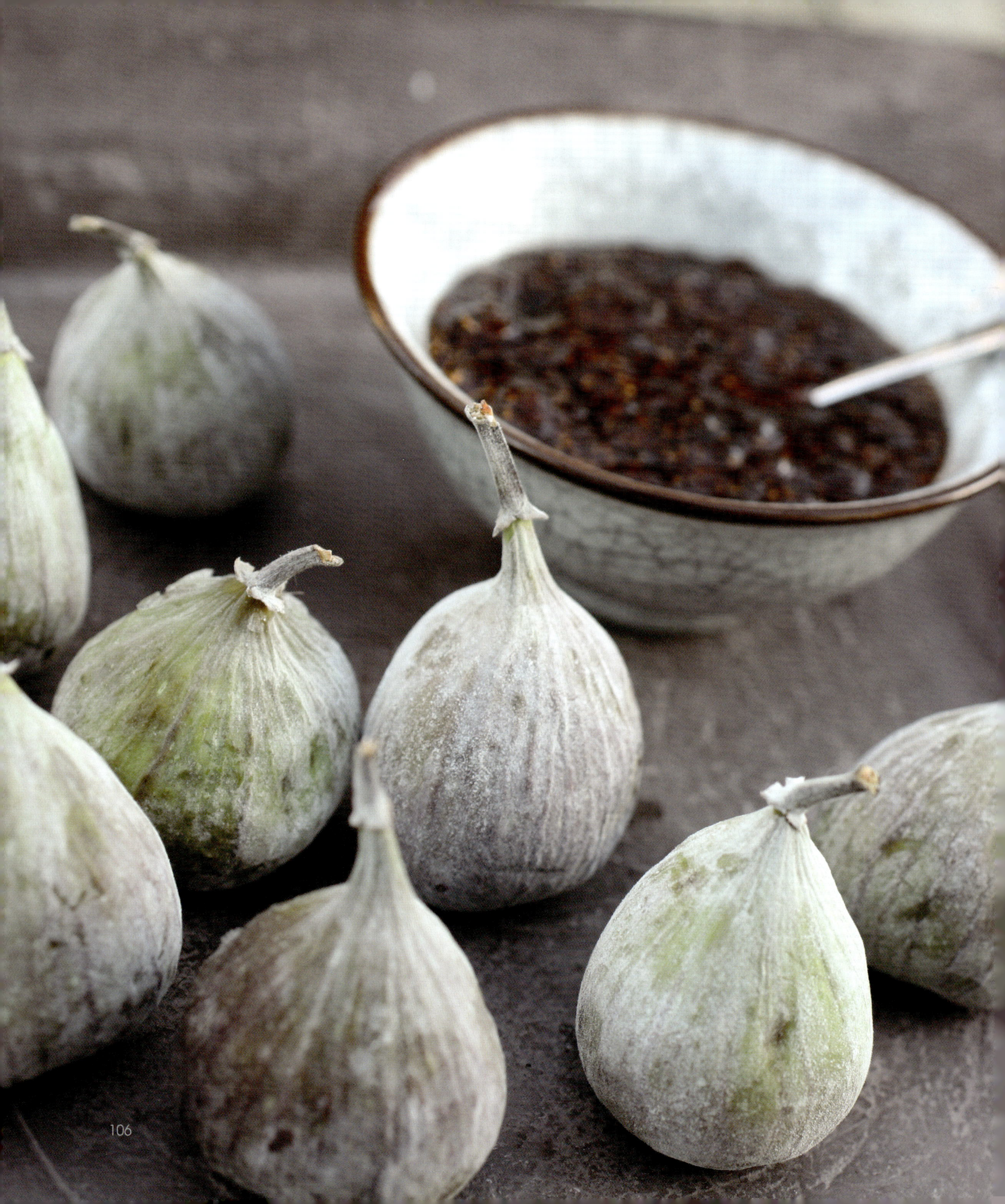

Feigenmarmelade mit Vanille ✳

Zutaten:

1 kg Feigen
500 g Zucker
2 Vanillestangen
3 Zweige Pfefferminze

Zubereitung:

Die Feigen waschen, entstielen und vierteln. Die Früchte in einen Topf geben, mit Zucker bestreuen und eine Nacht stehen lassen.

Am nächsten Tag den Topf auf den Herd stellen und die aufgeschnittenen Vanillestangen dazugeben. Die Feigen bei schwacher Hitze 60 Minuten köcheln lassen und dabei regelmäßig umrühren. Am Ende der Kochzeit die gehackten Pfefferminzblätter dazugeben.

Die Marmelade ist fertig, wenn sie am Löffel hängenbleibt. Die heiße Marmelade in saubere, heiß ausgespülte Gläser geben, die Gläser verschließen, auf den Kopf stellen und abkühlen lassen.

Die Pfefferminzblätter geben der Feigenmarmelade einen frischen Geschmack. Feigenmarmelade schmeckt gut auf Stangenweißbrot, zu französischem Käse und Pastete.

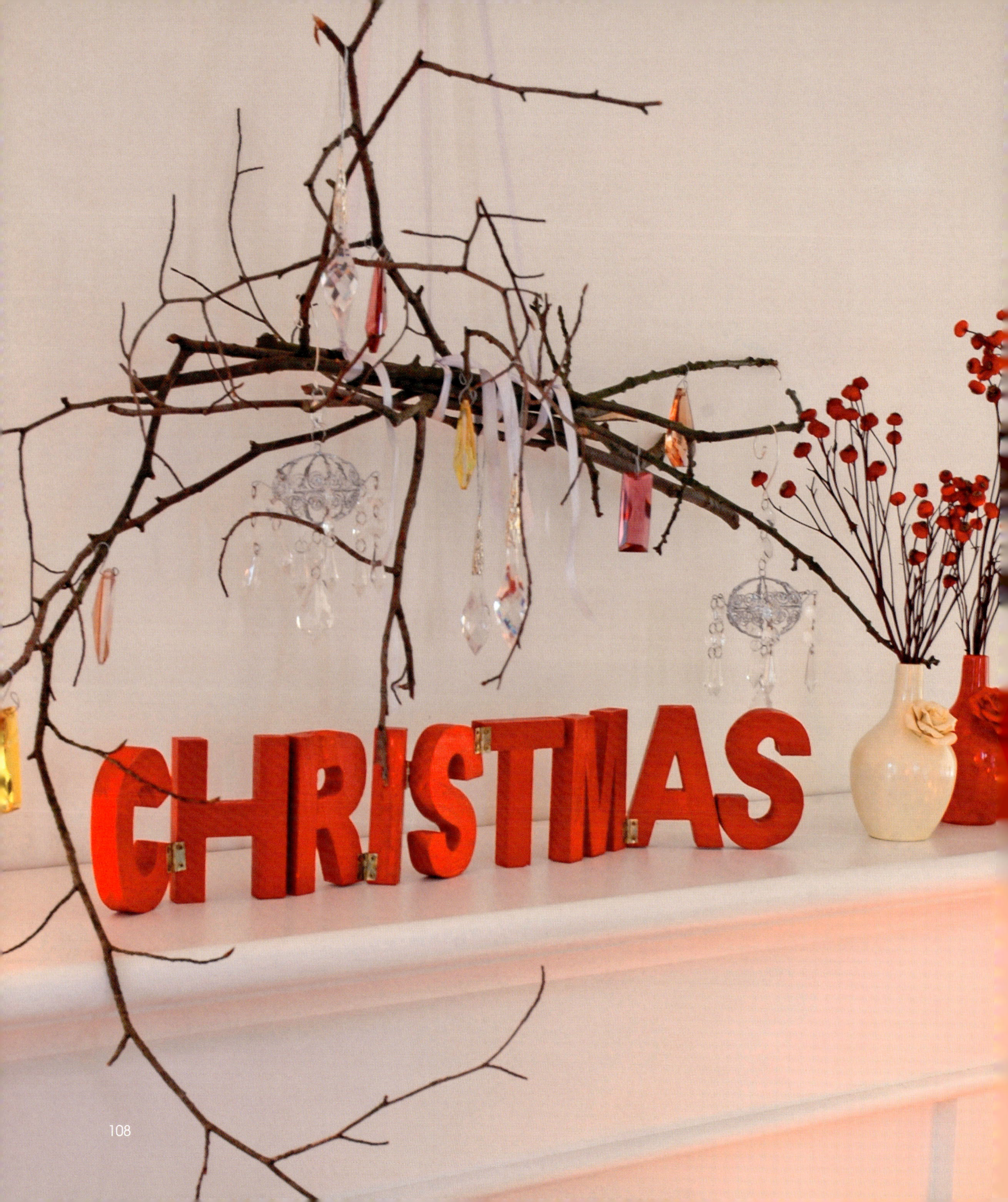
CHRISTMAS

Feuriges Weihnachtsrot und Winterweiß, die traditionellen Weihnachtsfarben in neuen Kombinationen. Die Verzierungen sind einfach, pur und in kürzester Zeit gemacht. Für einen neuen Look wird ein bisschen Folklore hinzugefügt. Kräftige Blumen aus Filz, elegante Hirschlein aus Papier, Teller und Schalen aus fester Keramik: Ein fröhlicher Mix von Mustern, Materialien und Farben, die man nach Herzenslust zu einem eigenen Weihnachtsstil kombinieren kann. Aus den Wohntrends von heute entstehen die Trends

Schnelle Festdekorationen
in neuem Rot

von morgen. Stile, Stimmungen und Farben verschieben sich, Dekorationen werden größer und natürlicher. Die Natur wird ins Haus geholt mit schönen einheimischen und ausländischen Zweigen, Stämmchen und Stücken Baumrinde.

Morgen **kommt** der Weihnachtsmann, **kommt** mit seinen Gaben...

Weihnachtslied, Hoffmann von Fallersleben (1798 – 1874)

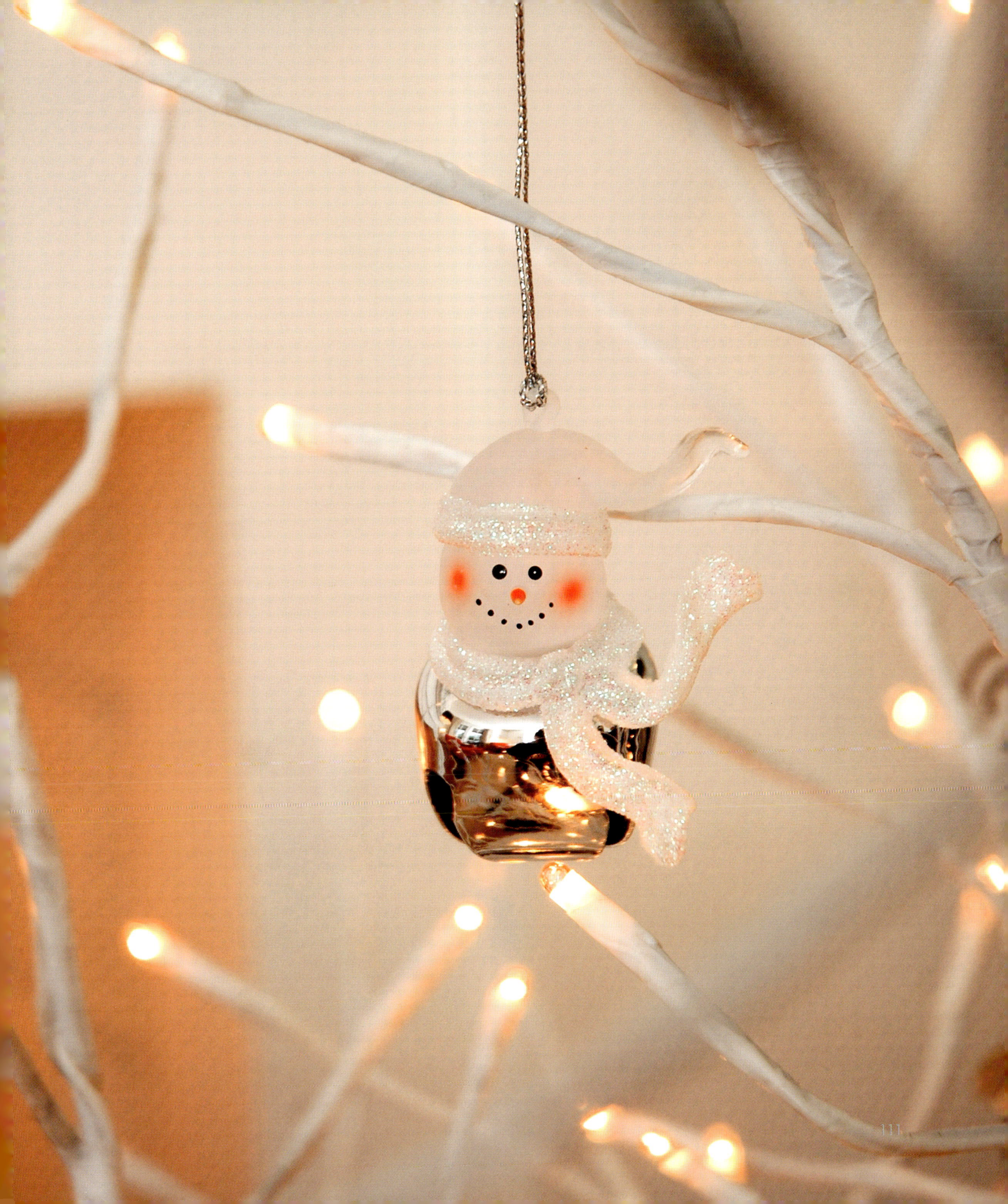

CHRISTMAS

Dezemberkamin

Die Ecke beim Kamin ist festlich dekoriert mit einer einfachen Wandverzierung aus Zweigen mit Bändern und Glasornamenten, hübschen Väschen mit Beeren und roten Blockbuchstaben aus Holz, die das Wort „Christmas" bilden. Die losen Einzelteile sind so zusammengestellt, dass sie ein harmonisches Ganzes bilden. Die Wände um den Kamin sind glatt verputzt und kalkweiß gestrichen. Der hölzerne Kaminsims ist im selben Farbton gehalten. In dieser Umgebung fällt die natürliche Dekoration mit den grellroten Buchstaben und Beeren besonders auf. Neben dem Kamin steht ein weißer Kunststoffbaum mit kahlen Winterzweigen und Lichtern. Die Zweige sind mit ein paar subtilen Glasfigürchen geschmückt.

Auf dem Fußbänkchen liegt ein Stapel feine, weiche Plaids, um sich auf dem Sessel einzukuscheln. Auf dem Fußboden sind lässig riesige Tannenzapfen verteilt. Das ist echte Dezemberstimmung, bald ist Weihnachten!

Rot, die Farbe, die symbolisch ist für Leidenschaft, Liebe, Glück, Feuer und Leben, ist die Lieblingsfarbe vieler Menschen. In allen Sprachen der Welt ist Rot die älteste Farbbezeichnung. In vielen Kulturen wird Rot seit alter Zeit in traditionellen Gewändern und Mustern verwendet. Auch im jahrhundertealten Weihnachtsfest spielt Rot neben Grün eine Hauptrolle. Rote Christbaumkugeln und Glocken und Weihnachtsmänner mit roten Mänteln sind Klassiker, die alle Trends überleben werden.

① Die aufgehende Sonne lässt das mit Reif bedeckte Laub der Buchenhecke erstrahlen. ② Einfarbige Väschen mit ein paar Zweigen mit roten Beeren. Eine einfache, aber kräftige Kombination. ③ Ein stimmungsvolles Stillleben. Die Zutaten sind ein traditioneller, weiß-rot bestickter Läufer, Weihnachtskarten mit ausgestanzten Motiven und besondere Servietten. Die Papierkunstkarten sehen aus wie mit der Hand geschnitten und sind so schön – sie verdienen einen ganz besonderen Platz.

Schnell gemachter Kranz

Einen einfachen und schnellen Weihnachtseffekt erhält man, wenn man an einem Kranz aus Birkenästen als einzige Verzierung an einem roten Band einen rot-weißen Hirsch aufhängt. Da der Kranz naturell gehalten ist, fällt die Dekoration besonders auf. Solche Kränze kann man beim Floristen kaufen, oder wenn man mehr Zeit hat, kann man selbst mit Ästen, Säge und Kleber ans Werk gehen.

Nötig:

Große und kleine Birkenästen
Kranzform
Heißkleberpistole
Holzsäge

Arbeitsanleitung:

Äste in verschiedenen Längen zuschneiden.
Alle Aststücke durcheinander auf der Kranzform festkleben. Dabei mit den größten anfangen und dann die immer kleineren Äste verwenden. In Schichten arbeiten, so dass der Kranz symmetrisch gefüllt wird. Auf eine regelmäßige Verteilung der verschiedenen Holzfarben achten.

① Die schönsten Karten werden zusammen ausgestellt in Speisekartenhaltern mit einem Fuß in Form einer Christbaumkugel. ② Der Festmonat ist eine gemütliche Zeit, um sie mit Familie und Freunden zu verbringen: tagsüber gemeinsam ins Freie gehen, das Haus schmücken, zusammen kochen und gut essen. Die Geschenke sind eingepackt und der Champagner gekühlt. Die Lichter verleihen dem Zimmer eine behagliche Atmosphäre, und dann wissen Sie es sicher: Das schönste Weihnachtsfest feiert man zu Hause. ③ **Reine Schlichtheit und der Glanz von Glas** Sammeln Sie ein paar schöne Zweige im Wald oder gehen Sie zum Floristen oder ins Gartencenter: dort verkaufen sie in dieser Zeit des Jahres auch allerlei Sorten von Zweigen. Binden Sie die Zweige mit Bändern zu einem etwas wilden Strauß zusammen. An den Zweigen hängen Glaszapfen in warmen Farben und ein paar durchsichtige Glasornamente. Hängen Sie die Dekoration mit langen Bändern auf und geben Sie der Dekoration für einen großartigen Effekt besonders viel Raum.

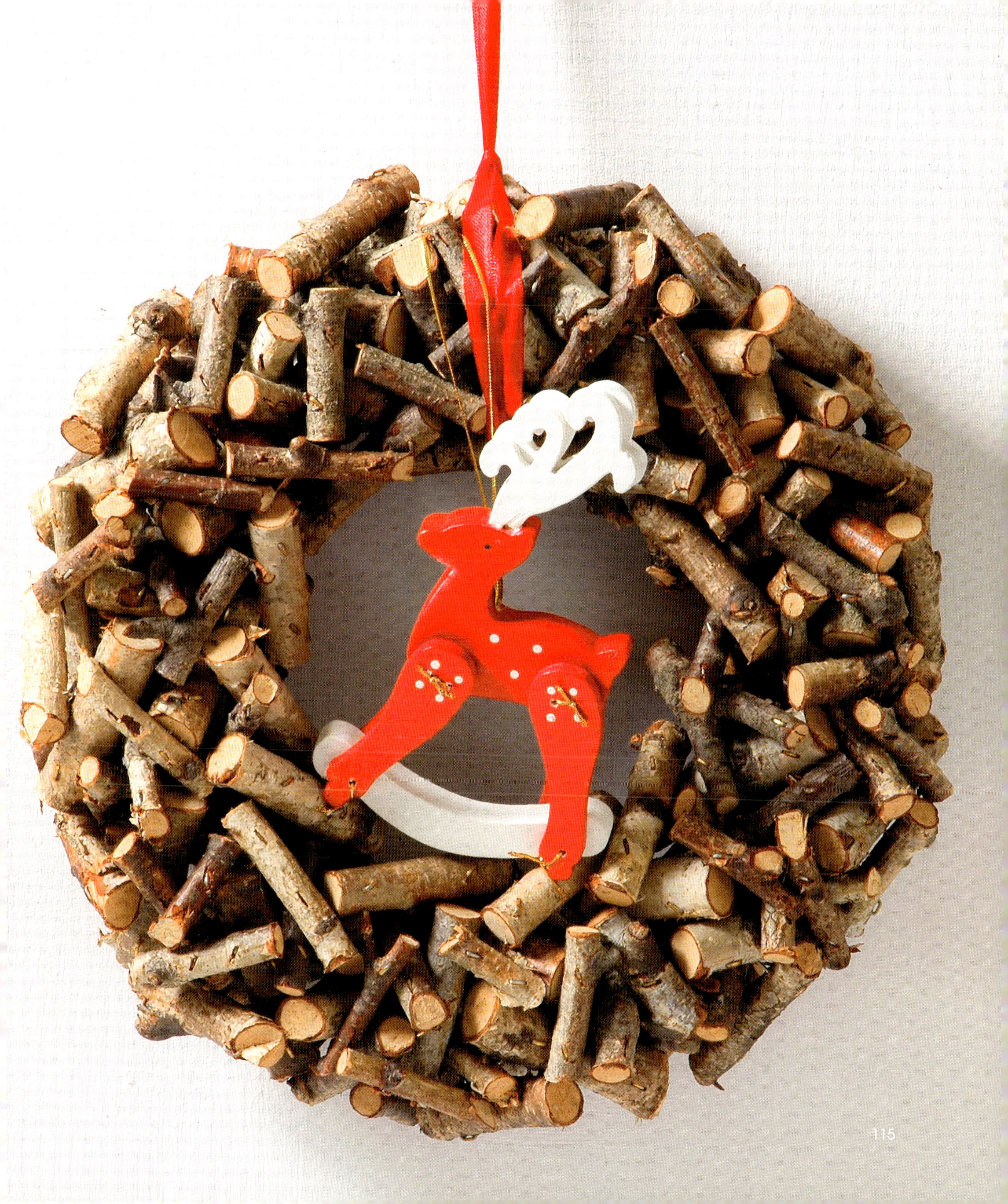

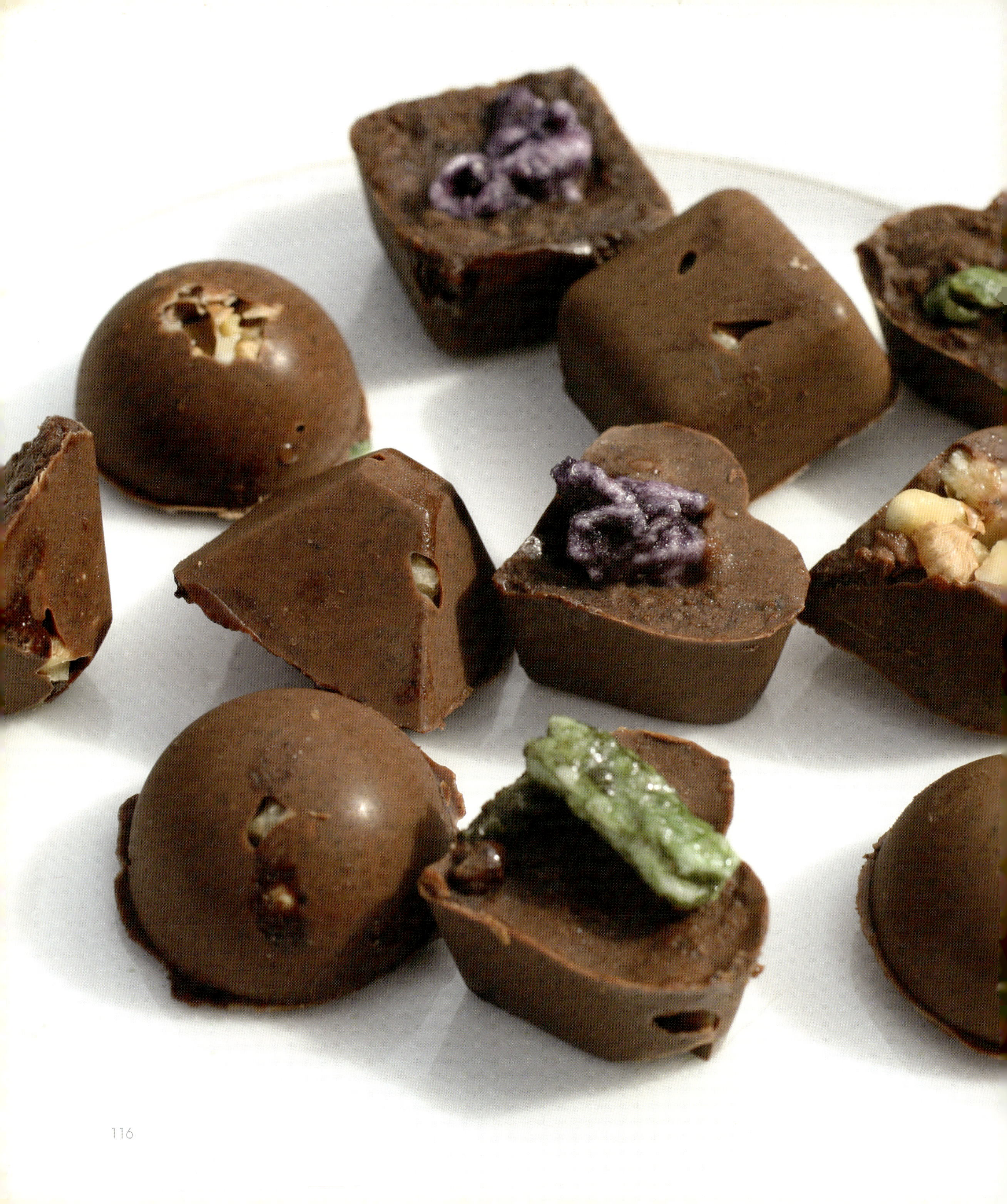

Schnelle Fantasiepralinen ✶

Zutaten:

Stückchen getrocknete und kandierte Früchte, z. B. Orangen, Datteln
Marzipan
Nüsse oder Pistazien
1 Becher fertiges Schokoladenfondue
zum Garnieren gezuckerte Veilchen und Pfefferminzblätter (eine Alternative sind Zuckerblümchen aus dem Tütchen)
Kunststoffform (ein weicher Eiswürfelbehälter aus Kunststoff ist auch gut geeignet)

Arbeitsanleitung:

Die Förmchen mit Stückchen kandierte Orange, Datteln, Marzipan und Pistazien füllen. Das Schokoladenfondue in der Mikrowelle oder im Wasserbad schmelzen lassen. Die heiße Schokolade in die Förmchen gießen und mit einem Zuckerveilchen oder Pfefferminzblatt garnieren.
Die Pralinen gut abkühlen lassen und vorsichtig aus der Form lösen.

Selbst Pralinen herstellen macht Spaß und ist einfacher als man denkt. Besonders leicht und schnell gemacht sind sie mit fertigem Schokoladenfondue und einer Kunststoffform.

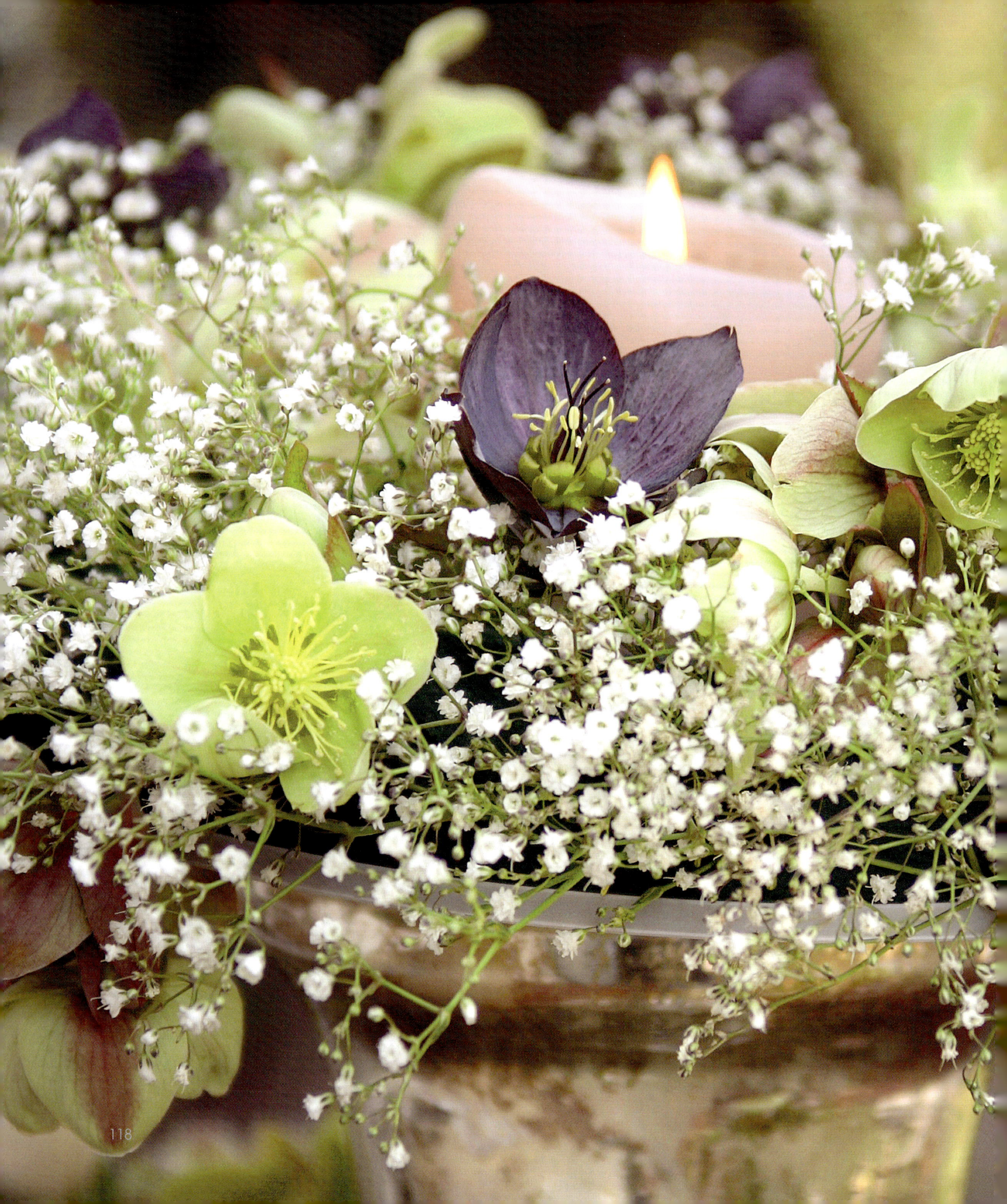

Blumen schaffen Atmosphäre, ein schönes Bukett auf dem Tisch ist wie Make-up für das Haus. Blumen geben ein gutes Gefühl, schön, angenehm und gemütlich. Ob man nun einen großen üppigen gemischten Strauß wählt oder einen Strauß aus einer Sorte oder einzelne Blumen in ein paar verschiedenen Vasen, Blumen betonen die beabsichtigte Stimmung und geben ihr den letzten Schliff.

Heutzutage sind viele Blumen, wie Obst und Gemüse, in allen Jahreszeiten erhältlich, aber es gibt trotzdem noch

Winterterrasse mit
Blumenideen

typische Winterblumen, die um die Weihnachtszeit und im Frühjahr blühen. Eine davon ist die Helleborus, auch Christrose oder Lenzrose genannt.

Es

lenzt nicht,

ehe es

gewintert

hat.

(Bauernweisheit)

121

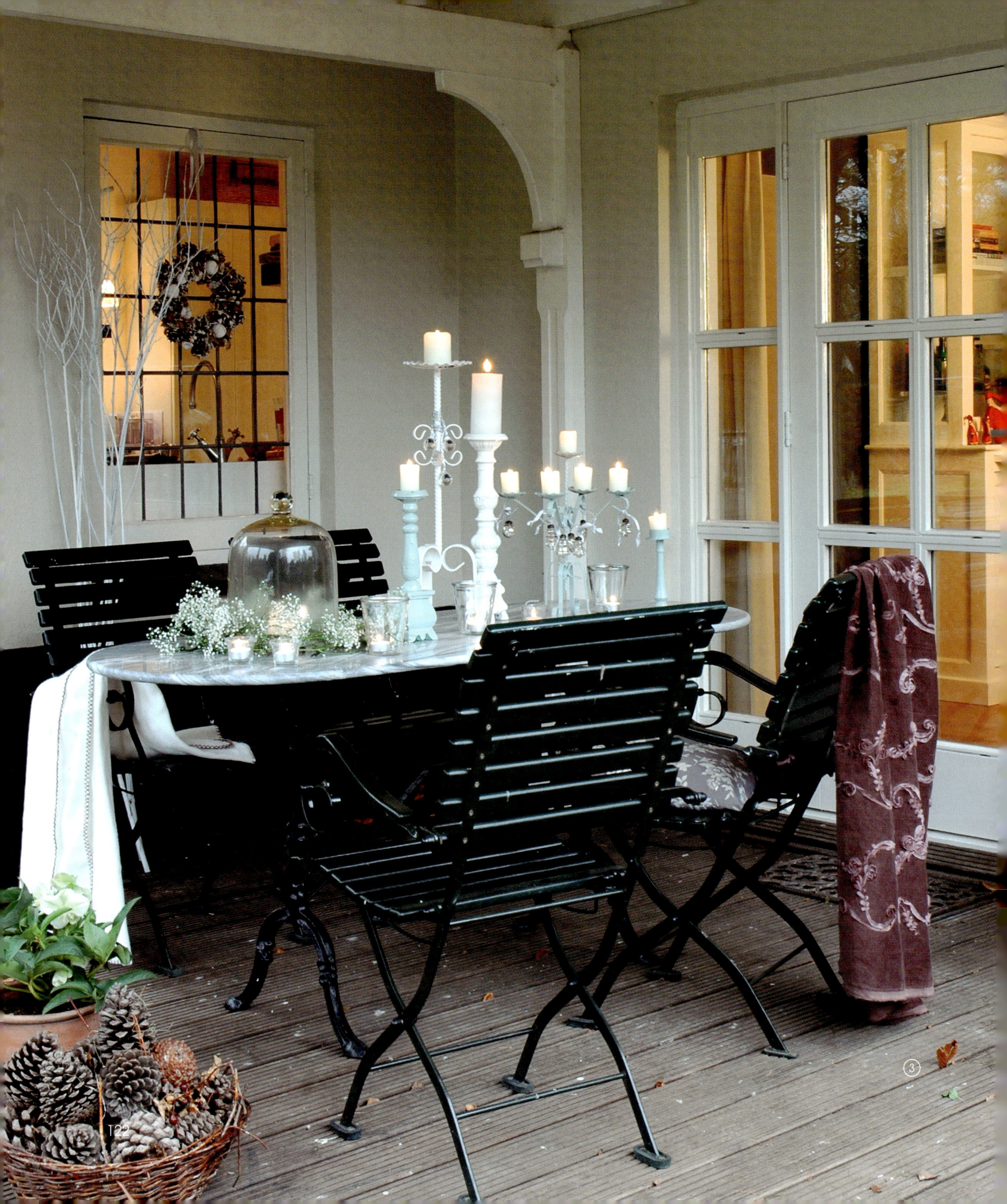

Winterstimmung

Das Leben im Freien ist zu allen Jahreszeiten beliebt. Auch in der Wintersaison ist es schön, auf der Terrasse, der Veranda oder dem Balkon zu sein. Mit schönen Möbeln und Dekorationen aus Kränzen und Blumen ist die Winterterrasse eine Erweiterung des Wohnzimmers.

Mit Accessoires und Dekorationen schafft man einen persönlichen Stil, und man kann den Stil des Interieurs draußen fortsetzen. Der dekorative Aspekt ist draußen ebenso wichtig wie drinnen.

Dieses Haus hat eine ländliche Ausstrahlung, die sich im Ausbau der überdachten Terrasse fortsetzt. Die robusten Holzbalken der Decke und ein hölzerner Bogen bestimmen die Atmosphäre. Ein gusseiserner Tisch mit Marmorplatte und darum vier zierliche Klappstühle in authentischem Dunkelgrün, passen gut dazu. Die zeitlosen Gartenmöbel sind mit einer Komposition aus Kerzenständern, einer mit Schleierkraut verzierten Glasglocke und Windlichtern in Winterstimmung gebracht worden. Die langen weißen Zweige und der Kranz vor dem Küchenfenster vervollständigen das winterliche Bild.

① Die Glasglocke ist mit einem Kranz aus Schleierkraut geschmückt; die kleinen weißen Blümchen ergeben einen Schneeflockeneffekt. Dazu wurden einfache Windlichter aus Glas mit Teelichtern gestellt, eine zurückhaltende und schöne Außendekoration. ② Mit etwas neuem Material erhält ein Kranz vom letzten Jahr ein neues Aussehen. Der Kranz ist eine bunte Mischung von Tannenzapfen, Beeren, Nussschalen, Eicheln und weißen Äpfeln, lose mit einem dünnen Zweig umwickelt. Das Ganze wurde an einigen Stellen weiß besprüht, als ob es gerade geschneit hätte. ③ **Budget-Dekorationsidee** Der Tisch ist mit einer Sammlung dekorativer Kerzenständer geschmückt. Trends wechseln schnell, man kann in jeder Saison wieder neue Accessoires kaufen und die alten übers Internet verkaufen. Aber schöner und außerdem billiger ist es, ein einziges neues Stück zu kaufen und die Dinge aus dem Vorjahr dazu passend zu gestalten. Die Kerzenständer sind aus unterschiedlichen Stilrichtungen, und ihr Material ist unter anderem Holz, Gusseisen und Keramik. Um sie zu einem harmonischen Ganzen zusammenzufügen, wurden sie mit Hochglanzlack in Weiß und Grüngrau lackiert. Der fünfarmige Kerzenständer ist mit Christbaumkugeln aus altem Bauernsilber geschmückt, und der hohe Kerzenständer hat als Verzierung eine Silberkette mit Kugeln aus Facettenglas erhalten. Die Farbzusammenstellung wurde auf den Gartentisch aus weißgrauem Marmor mit einem Hauch Grün abgestimmt. Wenn gegen Abend dann die Kerzen brennen, ist die märchenhafte Stimmung komplett.

Üppiger Winterstrauß

Mitten im Winter blühen nur wenige Blumen im Garten, aber die *Helleborus oriëntalis* bildet hier eine Ausnahme: um die Weihnachtszeit erscheinen die ersten Christ- oder Lenzrosen. Es ist eine Pflanze mit prächtigen einfachen und doppelten Blüten, und ihre Farben variieren von pastellweiß, grün und rosa bis zu graublau, bordeauxrot und tiefschwarz.

Der Strauß aus Schleierkraut und Christrosen in grün, rosa und graublau wurde in einem Steckschaumkranz arrangiert. Die Grundlage ist weißes Schleierkraut, und dazwischen wurden die Blumen gesteckt. Für einen festlichen Effekt wurde der Kranz auf einen Ständer aus altem Bauernsilber gelegt. In der Mitte steht eine Stumpenkerze im selben rosa Farbton wie die Blumen.

Machen Sie den Steckschaum gut nass, dann hält der Strauß länger. Wenn die Christrose verblüht ist, bleiben die Blumen noch lange intakt, die Staubfäden werden zu dekorativen Samenkapseln.

Nötig:

1 Steckschaumkranz von 25 cm Durchmesser

2 Sträuße Schleierkraut

1 Strauß grün-rosa Christrosen

8 graublaue Christrosen

6 grüne Christrosen

grüner Draht

1 Stumpenkerze

hoher Kerzenständer

1 Frühstücksbrett (um die Kerze darauf zu stellen)

Arbeitsanleitung:

Den Steckschaumkranz gut nass machen. Vom Schleierkraut Zweige von ca. 10 cm abschneiden und den kompletten Kranz damit füllen. Kurze Büschel der grün-rosa Christrosen zwischen das Schleierkraut stecken. Die übrigen Blumen auf 10 cm zurechtschneiden und auf den Draht stecken, so dass die Blumen mit etwas schlappen Stängeln fest stehen bleiben. Die graublauen und grünen Blumen über den Kranz verteilen. Den Kranz auf ein Brettchen legen und die Kerze in die Mitte stellen. Das Blumenwerk auf den Ständer stellen.

① **Einfache Eleganz** Ein Hochglanz-Keramiktopf wurde mit einem Strauß grün-rosa Christrosen und Tulpen als frühen Frühlingsboten gefüllt. ② Die *Helleborus*, auch Nieswurz genannt, erhielt ihren lateinischen Namen von Linnaeus im Jahr 1753. Im Mittelalter wurde aus der giftigen Pflanze Hexensalbe bereitet. Später wurde die Christrose als heilige Pflanze gesehen, weil sie um die Weihnachtszeit blüht. Von ihren vielen Varianten ist die weiß blühende am bekanntesten, aber es gibt auch noch andere schöne Sorten..

126

Torte mit essbaren Blüten

Eine mit echten Blüten verzierte Torte gibt einen natürlichen und festlichen Effekt, die glatte Marzipantorte erhält dadurch das gewisse Etwas.

Für eine besondere Torte sind essbare Blumen am Schönsten. Dazu gehören unter anderem Rosen, Veilchen, Levkojen, einige Orchideen, Lavendel, Begonien und Fleißige Lieschen.

Blumen aus dem Blumengeschäft sind wegen der Spritzmittel nicht zum Verzehr geeignet. Essbare Blumen kann man beim Gemüsehändler (auf Bestellung) kaufen, oder aus ungespritzten Pflückgärten, am besten aus dem eigenen Garten oder vom Balkon holen. Als Alternative kann man Seidenblumen verwenden, die oft nicht von den echten zu unterscheiden sind.

Die mit Marzipan bedeckte Torte ist mit einer weißen Rose in der Mitte und einer Handvoll loser Blütenblätter garniert. Die Rose und die Blütenblätter sind mit Zuckerwasser besprüht.

Rosenknospen wurden in warme Schokolade getaucht und auf den breiten Rand der Platte gelegt. Für einen gefrorenen Effekt wurde die Torte vor dem Servieren kurz in die Gefriertruhe gestellt und danach mit Puderzucker bestreut.

① **Winterstrauß in reinem Weiß** Während der Wintermonate werden allerlei schöne Kunstzweige verkauft, die man gut kombinieren kann. Nehmen Sie für einen winterweißen Strauß, an dem Sie noch lange Ihre Freude haben werden, eine Grundlage aus Kunststoffzweigen und Seidenblumen. Für einen natürlichen Effekt fügen Sie noch duftende Hyazinthen und frischweiße Anemonen hinzu.

② Eine Gartenvase mit Zweigen und zierlichen Vögelchen sorgt für eine winterliche Stimmung auf dem Gartentisch.

Traumhäuschen zum Verzehren Mit einem Bausatz basteln Sie ein verträumtes Pfefferkuchenhäuschen. Verzieren Sie es mit Ihren Kindern gern mit Schokolade und weißer und blauer Glasur.

Aufwachen in einer bezaubernden Atmosphäre von Eiskristallen und eisblauer Luft. Der Morgen ist kalt, die Bäume und Pflanzen sind mit Eis bedeckt, und draußen ist es hell und klar. Noch kurz unter die warme Daunendecke kriechen und den märchenhaften Wintermorgen genießen. Ein besonderer Morgen in einer Winterwunderlandschaft, die Bäume und Sträucher sind mit Reif bedeckt. Durch die Kombination von hoher Luftfeuchtigkeit, plötzlicher starker Kälte und Wind „wachsen" große Eisnadeln an den Bäumen.

Winternachstraum

„Sleigh bells ring, are you listening. In the lane, snow is glistening. A beautiful sight, we're happy tonight. Walking in a winter wonderland."

Wir **sind** wie **Eisblumen**,

blühen in der Nacht,

Wir sind **wie** Eisblumen,

viel zu **schön** für den Tag.

Auszug aus Songtext „Eisblumen" von Eisblume

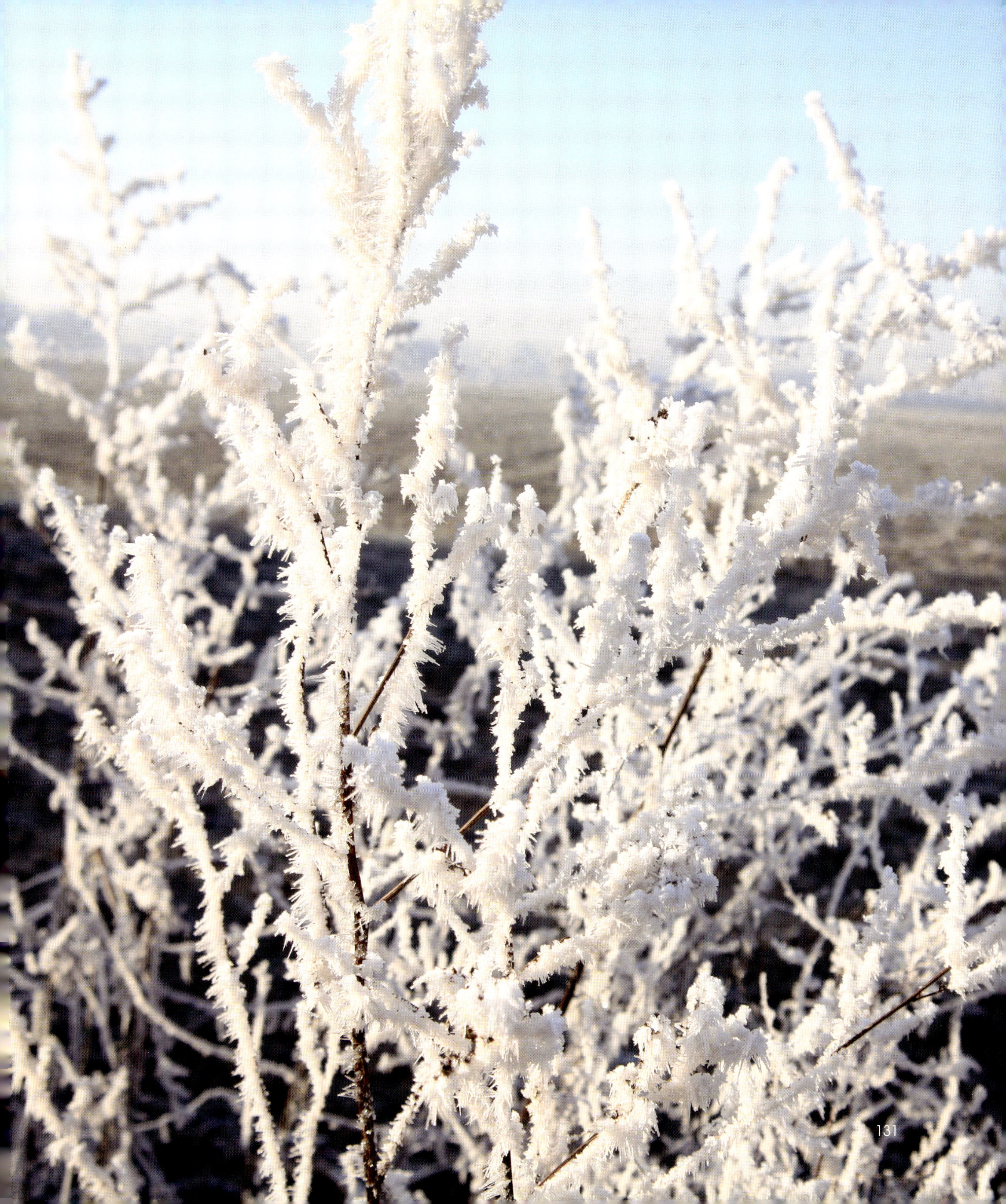

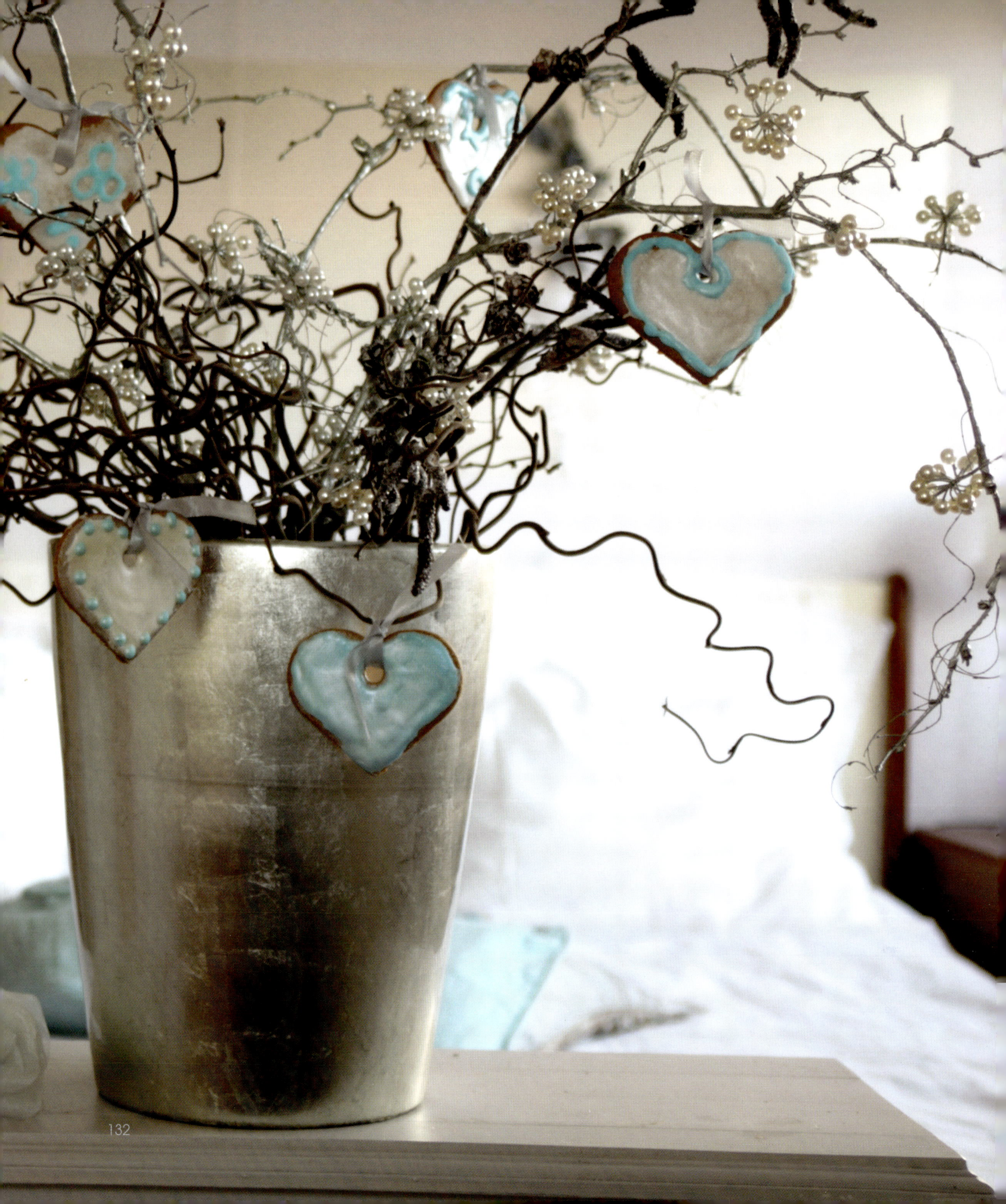

Ein Schlafzimmer wie ein Eispalast

Für eine besondere Nacht kann man ein Zimmer im „Icehotel" im Norden von Lappland buchen. In diesem Hotel sind die Betten, Tische und Stühle aus Eisblöcken gemacht. Aber es ist schon etwas kalt und liegt auch nicht gerade in der Nachbarschaft.

Sie können aber auch im eigenen Schlafzimmer so eine Atmosphäre schaffen, mit leuchtend weißer Bettwäsche, silbernen Wänden und Vasen mit verträumten Akzenten und Dekorationen in verschiedenen Blauschattierungen. Mit der Heizung auf 22 °C der ideale Ort, um mit der ganzen Familie nebst Hauskatze das Weihnachtsfrühstück im Bett zu genießen.

① **Zum Verzieren** Eine moderne Alternative für einen Weihnachtsbaum ist die auffällige, riesige silberne Vase, gefüllt mit Zweigen des Korkenzieher-Haselnussstrauchs (Corylus). Die zierlich verdrehten Zweige sind mit glasierten Pfefferkuchen verziert. ② **Zum Verzehren** Nicht nur schön zum Anschauen, sondern auch lecker zum Frühstück: Selbstgebackene Pfefferkuchen, stilecht mit weißen und türkisfarbenen Mustern glasiert. ③ **Klassisches Grün für eine dekorative, moderne Verzierung** Es ist Tradition, in der Weihnachtszeit das Haus mit Grün und Zweigen von draußen zu dekorieren. Immer grün und unverkennbar weihnachtlich ist die Stechpalme (*Ilex aquifolium*) mit ihren hellroten Beeren. Einem alten Aberglauben zufolge sollen die Beeren der Stechpalme auch vor Katastrophen und dunklen Mächten schützen. Als moderner Traumfänger hängt über dem Bett ein metallic-hellblau besprühter Stechpalmenzweig mit einer Girlande aus weißen Federn.

Märchenkranz

Dieser bezaubernde Kranz mit Blumenbeleuchtung und gläsernen Glitzerhirschlein wurde von Eiskristallen in der Natur inspiriert. Stücke von Weidenzweigen wurden als Spitzen an einem Ring aus Eisendraht befestigt, das Ganze wurde lässig mit mattem Pastelltürkis bemalt und mit Seidenblumen, glänzenden und matten Minichristbaumkugeln, Schneeballpompons, Lämpchen und festlichen Bändern gefüllt. Die Farben des Kranzes bilden ein Spektrum von Pastellblau- und Türkistönen, das vor der lila Wand für einen Hauch von Magie im Schlafzimmer sorgt.

Nötig:

1 großer Kranz aus Weidenzwiegen

Wandfarbe matt, türkis

1 Blumenlichterkette

1 Schachtel türkisfarbene Minichristbaumkugeln, matt und glänzend

14 hellblaue Seidenrosen

1 Girlande mit Schneeballpompons

2 m weiß-blau kariertes Band

1 Voileblume in pastelltürkis mit Bändern

3 Glashirschlein

2 m türkisfarbenes Satinband

Heißkleberpistole

für die Wand: Acryl Wandfarbe lila

Arbeitsanleitung:

Den Kranz mit der matten Wandfarbe bemalen, aber nicht komplett deckend, so dass die Holzstruktur sichtbar bleibt. Die Lichterkette zwischen den Zweigen befestigen. Die Minichristbaumkugeln über den Kranz verteilen und festkleben. Die Seidenblumen ebenfalls gleichmäßig über den Kranz verteilen und festkleben. Die Schneeballgirlande zwischen den Zweigen befestigen. Hier und da ein paar Schleifen aus dem karierten Band befestigen und ein paar Christbaumkugeln an die Enden knoten. Die Voileblume oben am Kranz befestigen und an den langen Bändern die Hirschlein „lose" in der Mitte aufhängen. Oben das Satinband befestigen, an dem der Kranz aufgehängt werden kann.

(1) **Sag's mit Blumen** Viele Kissen auf dem Sofa oder Bett sorgen für Atmosphäre. Verzieren Sie ein einfaches Kissen mit einer Ansteckblume, das sieht festlich aus! Die Voileblume hat Bänder, an denen die Verzierung schnell und einfach um das Kissen geknotet werden kann. Echte Handarbeit und ein Blickfang auf dem Bett ist das Wollkissen in zartem Türkis mit dem gehäkelten Blumenmotiv. (2) **Jedem seine eigene Serviette** Die gestreiften, karierten, geblümten und einfarbigen Servietten in ergrauenden Blautönen mit einem Hauch rosa sind mit Serviettenringen aus Haarreifen mit Blumen und Pompons verziert. In Modeschmuckgeschäften kann man prächtigen Haarschmuck kaufen, aus dem sich schnell origineller „Frühstück-ans-Bett"-Tischschmuck gestalten lässt.

①

②

135

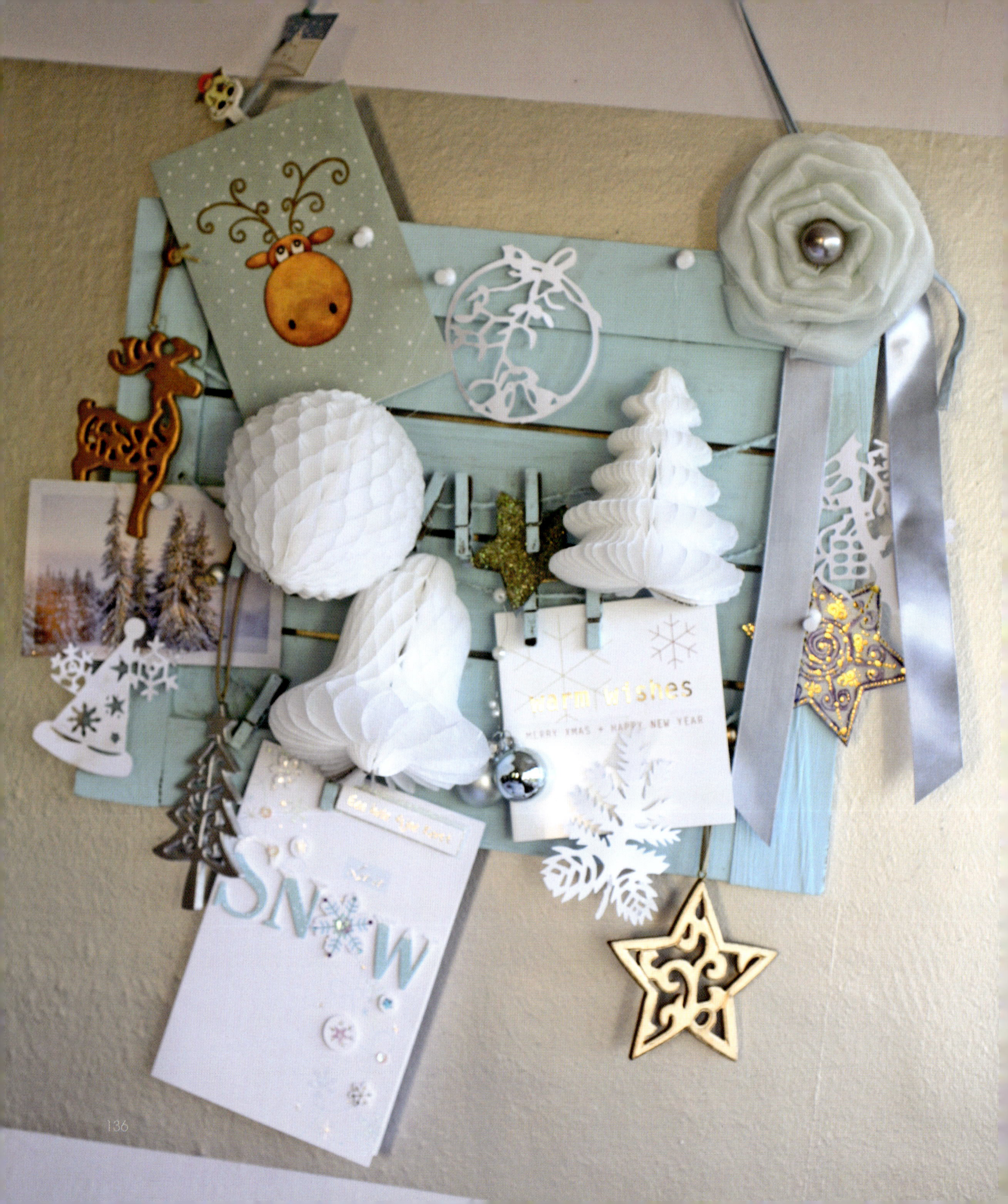
warm wishes
MERRY XMAS + HAPPY NEW YEAR
SNOW

Winter-*moodboard* im Schlafzimmer

Gestalten Sie eine persönliche Winter- und Weihnachtscollage auf einem Moodboard. Sammeln Sie Dinge und Karten, die sie ansprechen, in Ihren Lieblingsfarben und pinnen Sie diese auf das Board. Sie können das Moodboard wachsen lassen, indem Sie immer wieder etwas hinzufügen, und so Ihren eigenen Stil hervorheben.

Nötig:

1 Lattenpaneel, 42 x 32 cm
Wandfarbe matt, türkis
kleine Wäscheklammern
Schnur
2 kleine Ringschrauben
60 cm blaugraues Band
Pinnwandnadeln

Arbeitsanleitung:

Das Paneel türkis streichen. Die Wäscheklammern auf die Schnur ziehen und diese mit den Enden an der Rückseite des Paneels befestigen. Die beiden Ringschrauben an der Rückseite in die oberen Ecken drehen.

Bezauberndes modernes Kunstobjekt

Kürbisse und Kalebassen sind in der Herbst- und Wintersaison in allen Variationen und Größen erhältlich. Man kann schöne Dekorationen daraus machen, z. B. durch Aushöhlen eine stimmungsvolle Laterne. Etwas ganz anderes ist jedoch ein riesiger Kerzenständer für gut 30 Kerzen aus einem Kürbis. Der Kürbis wurde zusammen mit den Kerzen mit Kunstschnee besprüht. Wenn alle Kerzen brennen, ergibt der Schein der vielen Flammen einen mysteriösen Effekt.

Nötig:

1 großer grauer Kürbis
Bohrer Größe 10 mm
2 Packungen schmale hohe Kerzen in weiß und hellblau
Schraubbohrer

Arbeitsanleitung:

In die Oberseite des Kürbisses 30 Löcher mit ca. 2 cm Abstand bohren. Die Kerzen in die genau passenden Löcher stecken und das Ganze mit Kunstschnee besprühen.

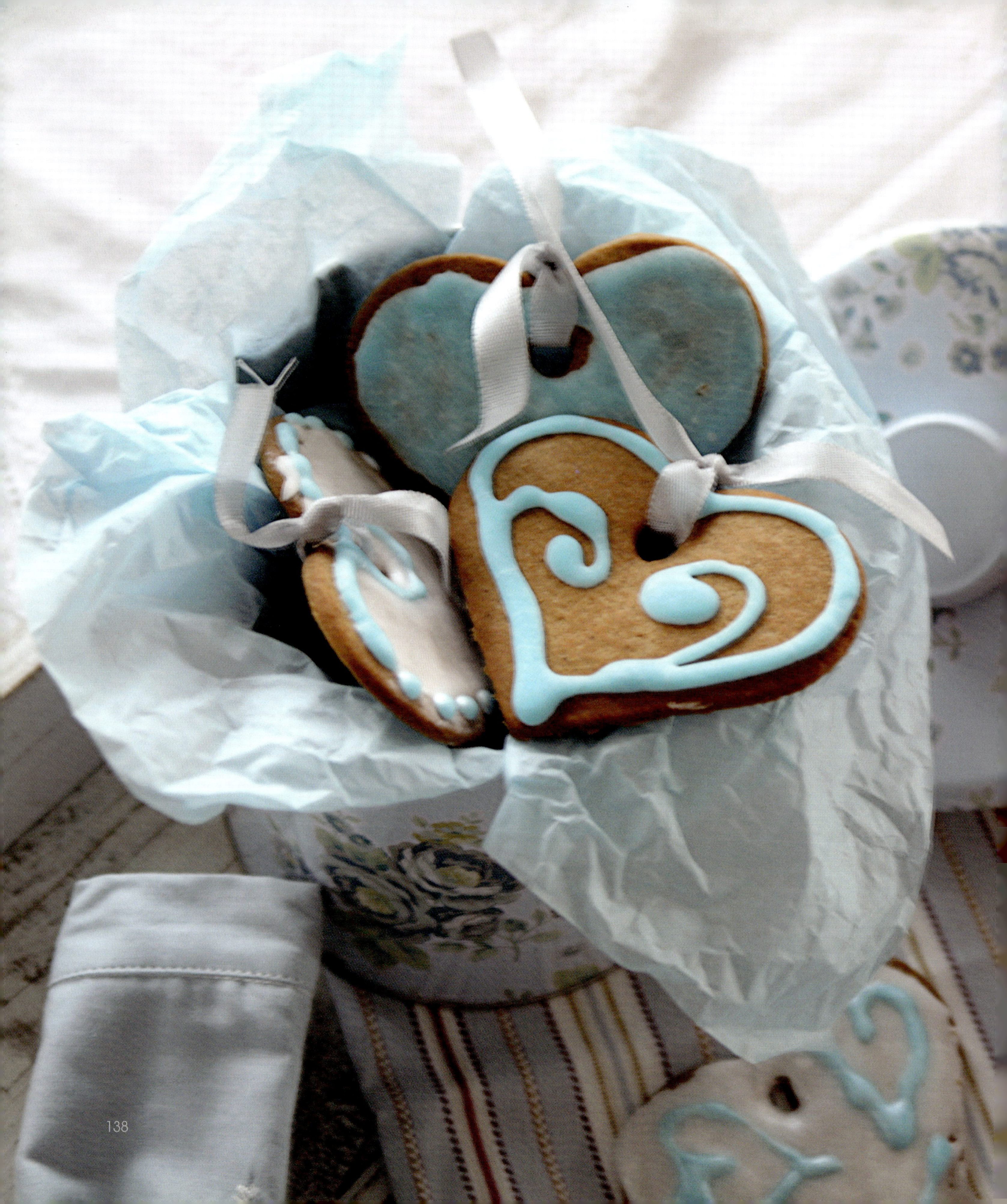

Pfefferkuchenherzen ✶

Zutaten für ca. 30 Stück:

250 g Mehl
1 Teelöffel Backpulver
150 ml Sirup
125 g brauner Zucker
2 Esslöffel Gewürz für Spekulatius
1 Messerspitze Salz
175 g kalte Butter in Stückchen
2 Esslöffel geriebene Orangenschale
Aluminiumfolie
Backpapier
Rollholz

Glasur:

Päckchen weiße Glasur
einige Tropfen blaue Lebensmittelfarbe

Zubereitung:

Das Mehl in eine Schüssel geben und mit dem Backpulver, dem Sirup, dem Zucker, den Gewürzen und dem Salz vermischen. Die Butterstückchen dazu geben und den Teig mit der Hand verkneten. Die geriebene Orangenschale dazu geben und das Ganze zu einem geschmeidigen Teig kneten. Den Teig in Aluminiumfolie wickeln und 24 Stunden im Kühlschrank ruhen lassen, damit sich der Geschmack entfaltet.

Den Backofen auf 225 °C vorheizen.

Die Arbeitsfläche mit etwas Mehl bestäuben und den Teig dünn ausrollen. Herzen ausstechen und oben ein Loch zum Aufhängen hineinstechen. Die Plätzchen auf ein mit Backpapier bedecktes Backblech legen und ca. 5 Minuten auf der mittleren Schiene backen lassen, dann auf einem Kuchengitter gut abkühlen lassen.

Die Glasur ist etwas glasig, wodurch ein transparenter Effekt entsteht. Die Plätzchen mit der Glasur bestreichen. Aus einem Stück Backpapier einen Trichter formen und die Spitze abschneiden. Den Trichter mit der Glasur füllen und Muster auf die Plätzchen zeichnen.

Tipp Für besonders weiße Glasur 200 g Puderzucker mit einem Eiweiß und dem Saft einer halben Zitrone verrühren.

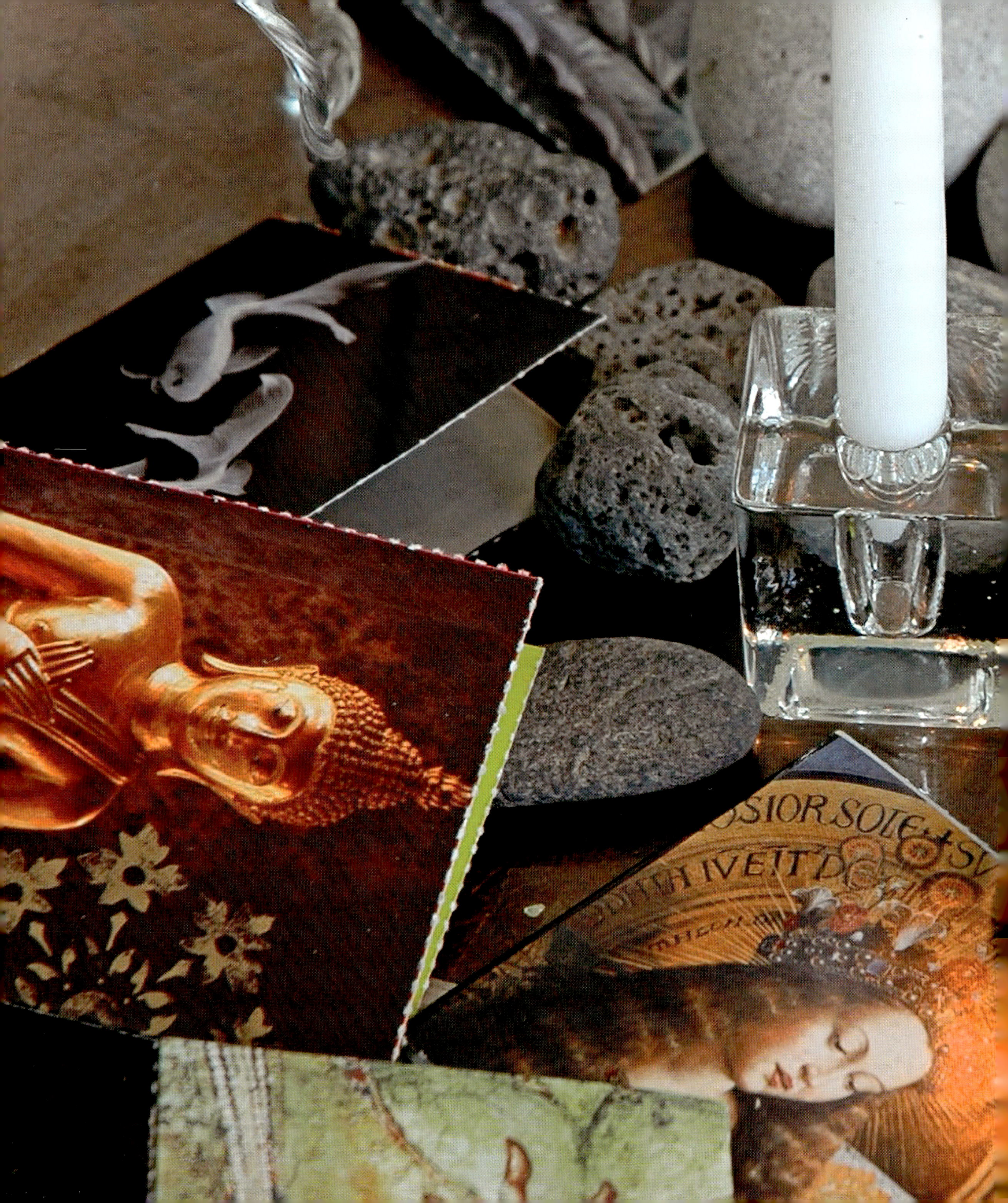

Grenzenloser Stil

Exotisch & persönlich

- Dessertbuffet aus Tausendundeiner Nacht
- Stilmix in einem Winterhaus

142

Weich, süß und lecker! Mit einer festlich gedeckten Buffettafel, voll mit herrlichen selbstgemachten Desserts und Gebäck wird jeder High Tea oder Abschluss eines Dinners ein unvergesslicher Erfolg.

Die Torten, Kuchen und Süßigkeiten sind bekannte Klassiker mit einem fernöstlichen Akzent – exotisch, anders und unwiderstehlich lecker!

Das Dessertthema mit orientalischen Einflüssen setzt sich in der Tischdekoration fort: Glänzende Stoffe, glitzernde

Dessertbuffet aus Tausendundeiner Nacht

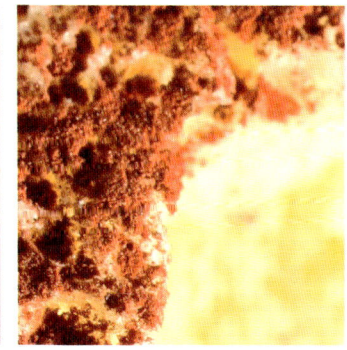

Perlen und kleine Akzente wie dekorative Vulkansteine und Inspirationskärtchen für die Gäste machen die fernöstliche Märchenstimmung komplett.

Es ist nicht **zu wenig Zeit**,

die wir haben,

sondern es ist **zu viel Zeit**,

die wir nicht **nutzen.**

Lucius Annaeus Seneca (etwa 4 v. Chr. – 68 n. Chr.)

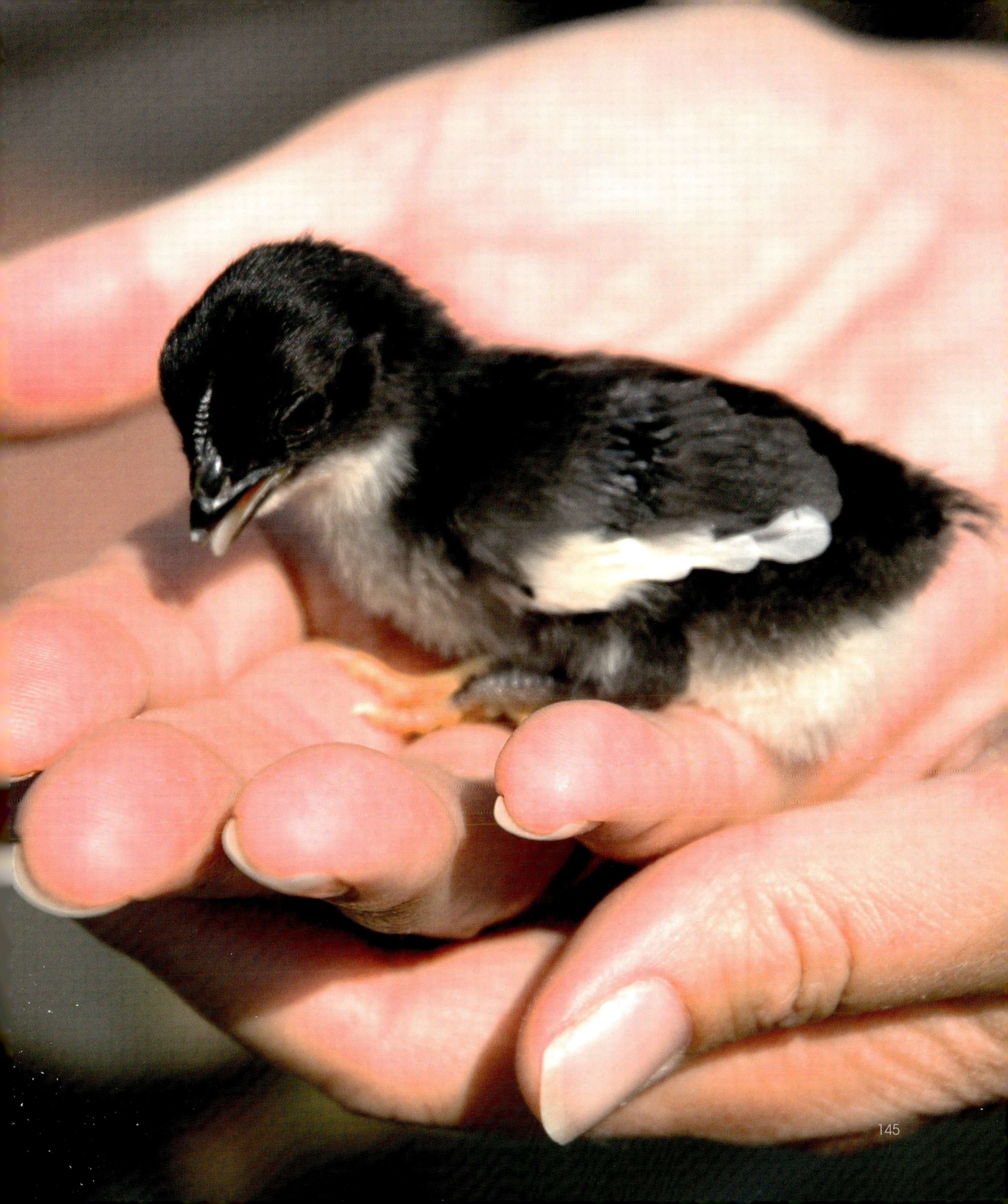

①

Eine gelungene Mischung

Gastfreundschaft, verfeinerter Geschmack, subtile Düfte und eine stilvolle Präsentation des Essens, das ist die orientalische Küche.

Heutzutage sind die Entfernungen gering, andere Kulturen sind bei uns eingebürgert und exotische Gewürze, Früchte und Nüsse sind leicht erhältlich. Für einen besonderen Themenabend ist es originell, Geschmack und Stimmung von Ost und West zu kombinieren, so dass ein spannendes neues Ganzes entsteht. Der klassische Napfkuchen erhält mit Kokos und Safran einen exotischen Geschmack, und ein einfacher Frischkäsenachtisch wird mit Orangenblütenwasser, Kakao und Zimt ein sensationelles Dessert.

Bezauberndes Buffet

Verwenden Sie für ein großzügiges Buffet eine lange Tafel oder Stützböcke mit langen Spanplatten oder MDF-Platten (für eine Platte von 2,5 m Länge benötigen Sie 3 Stützböcke, damit sie nicht durchhängt). Statt einzelne Tischtücher zu verwenden, können Sie besser Stoff als Meterware kaufen, so dass Sie ein schönes, glattes Gesamtbild erhalten.

① Für das Anrichten von Desserts und Gebäck sind Schalen und Teller in unterschiedlichen Formaten und Höhen am Schönsten. Provisorische Etageren und Tortenplatten kann man selbst aus einzelnen Tellern und Schüsselchen zusammenstellen. Dazu stellt man ein Schüsselchen umgekehrt hin und klebt mit doppelseitigem Klebeband einen Teller darauf. Verwenden Sie für ein harmonisches Bild Geschirr in einer Farbe. Hier wurde weißes Porzellan gewählt, von dem sich die Desserts gut abheben. ② Blassblaue Leinenservietten und zierliche Dessertlöffel mit Perlmuttgriffen.

③ **Zum Verschenken** Ein kleines Säckchen aus Voile mit ein paar in Goldpapier verpackten Pralinen ist eine nette Aufmerksamkeit, die man den Gästen nach dem Buffet mitgeben kann.

④ **Die „Fünfminuten-Dekorations-Idee":** Das Menü zusammenstellen, den Tisch herrichten und die herrlichen Desserts und Torten zubereiten und backen: In dem geselligen Trubel vor dem Fest bleibt oft wenig Zeit, um eine Menükarte zu gestalten. Für eine besondere Menükarte, die schnell hergestellt werden kann, brauchen Sie Goldkarton, einen Filzschreiber und ein Buch mit spirituellen Bildern, das zur Gestaltung der Tafel passt. Schneiden Sie aus dem Goldkarton ein Herz, eine Blume oder einen Stern in der Größe einer Buchseite, und schreiben Sie mit dem Filzschreiber die Desserts darauf. Kleben Sie dies mit Klebeband in das Buch. Stellen Sie das aufgeschlagene Buch auf einen Notenständer neben den Tisch oder auf einen Kochbuchständer auf den Tisch.

Voilekranz mit Perlendekoration

Nötig:

1 Strohkranz oder Styroporkranz

1 Streifen weiße Baumwolle von 95 x 25 cm

1 Streifen metallic-silbergrauer Voile von 130 x 25 cm

1 Rolle gold- oder silberfarbener dünner Eisendraht

20 transparente große Perlen

30 transparente kleine Perlen

5,5 m schmales weißes Satinband

kräftige (Dekorations-)Stecknadeln

4 silberne Metall-Kerzenhalter mit Nadeln

feuerhemmendes Spray

Für 7 Perlenstränge:

1 Rolle festen Eisendraht

pro Strang 7 – 8 große Glas- und Metallperlen und kleine Glaszapfen

10 kleine Perlen (Kugeln, Tropfen usw.)

① **Schön präsentiert** Die Pralinentütchen mit Silbermuster sind ein nettes Geschenk für die Gäste. Legen Sie ein Tütchen auf jeden Teller oder bieten Sie sie in einer netten, passenden Schale an.

Arbeitsanleitung:

Den Kranz mit der weißen Baumwolle umwickeln und den Stoff an der Innenseite feststecken. Den Voile-Streifen an den Enden zusammennähen, in einem Kreis um den Kranz legen und den Voile in lässigen Falten darüber drapieren. Eine Seite des Stoffes nach innen schlagen und mit Nadel und Faden oder mit Stecknadeln an der Unterseite befestigen. Einen Meter von dem dünnen gold- oder silberfarbenen Eisendraht um einen Bleistift wickeln, so dass eine Spirale entsteht. Diese etwas auseinanderziehen und transparente große und kleine Perlen aufziehen und verteilen. Den gebogenen Perlendraht um den Kranz wickeln. Von dem Band vier Stücke von 80 cm Länge abschneiden und die restlichen 2,3 m in acht ungleich lange Stücke schneiden. Die langen Bänder in gleichen Abständen um den Kranz binden, die Mitte bestimmen und die Bänder zusammenknoten. Die kurzen Bänder um den Kranz binden und die Enden lose baumeln lassen. Das Ganze mit feuerhemmendem Spray einsprühen. Den Kranz aufhängen und die Perlenstränge an den geknoteten Bändern befestigen, und eventuell noch eine Perlen- oder Ansteckblume befestigen. Die Kerzenhalter in gleichen Abständen auf den Kranz stecken. Wegen der Brandgefahr kurze Kerzen verwenden.

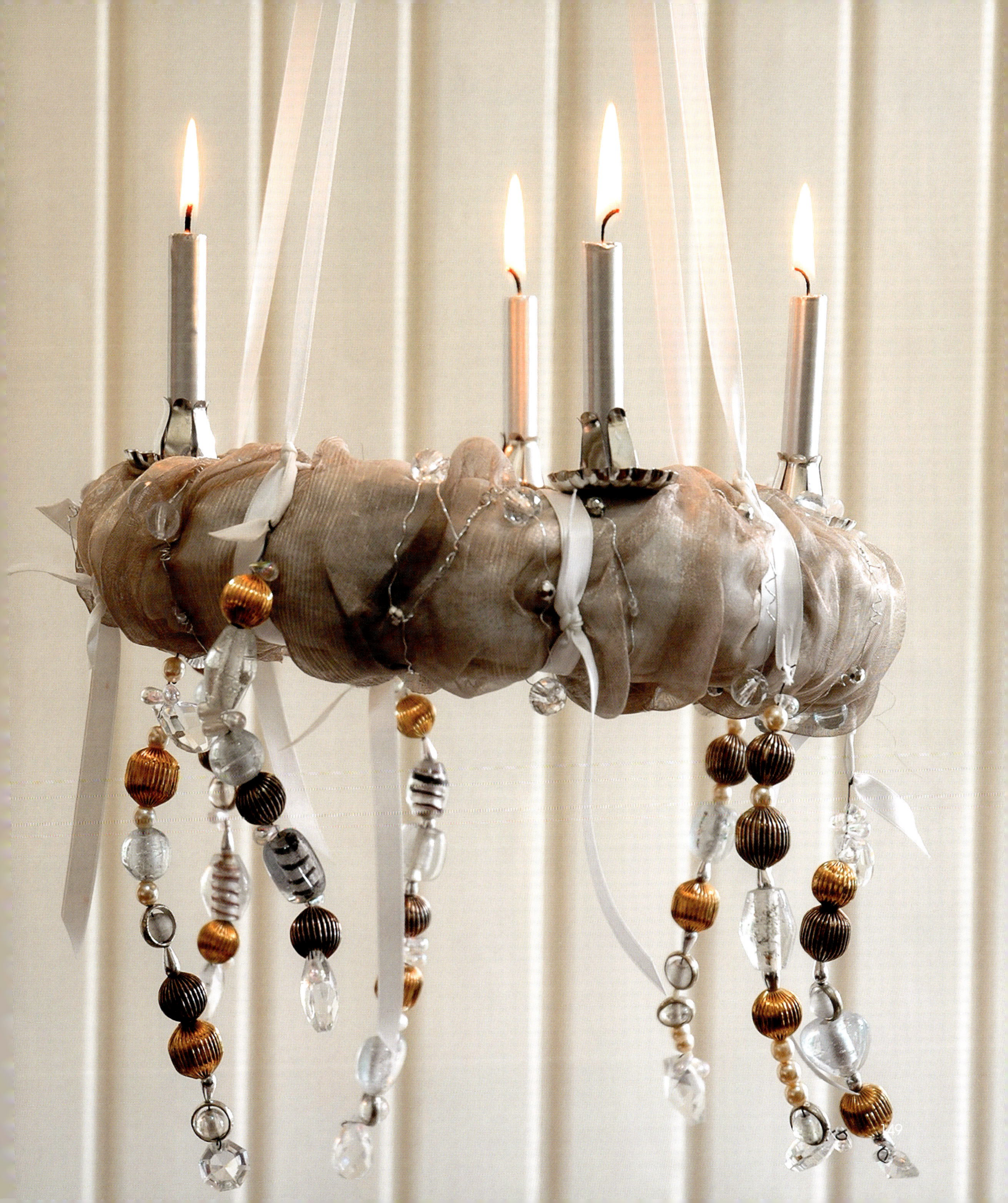

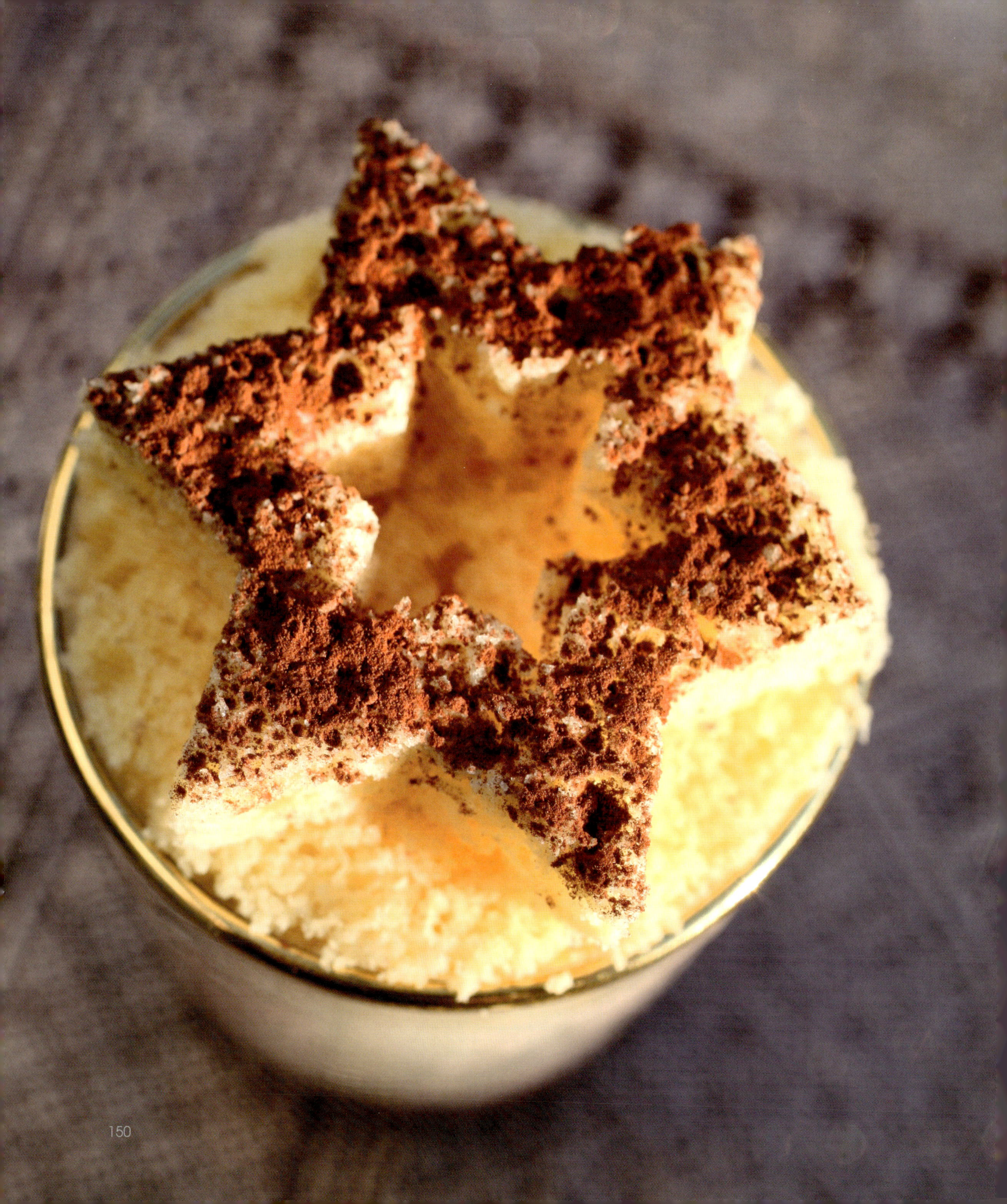

Minitörtchen mit Vanille und Schokolade ✶✶

Zutaten für 8 Personen:

200 g Frischkäse

125 g Zucker

250 ml Schlagsahne

1 Päckchen Sahnesteif

1 Päckchen Vanillezucker

2 Esslöffel Orangenblütenwasser

Schokoladencreme:

3 Blatt Gelatine

75 g Zucker

3 Eigelbe

250 ml Milch

50 g Zartbitterschokolade

250 ml Crème fraîche

Zutaten für die Garnierung:

1 Rührkuchen (fertig)

Zimt

2 Ausstechförmchen (Sterne) in verschiedenen Größen

1 Teeglas

Zubereitung:

Den Frischkäse mit dem Zucker, der Schlagsahne, dem Sahnesteif, dem Vanillezucker und dem Orangenblütenwasser verrühren.

Die Gelatine in etwas Wasser einweichen.

Die Hälfte des Zuckers mit den Eigelben schaumig schlagen. Den Rest des Zuckers mit der Milch in einen Topf geben und auf kleiner Flamme erwärmen. Den Topf vom Herd nehmen und die Ei-Zuckermischung dazugeben. Den Topf wieder auf den Herd stellen und die Mischung unter Rühren erwärmen. Dann den Topf wieder vom Herd nehmen und die ausgedrückte Gelatine darunter rühren.

Die Schokolade im Wasserbad schmelzen und in den Topf geben, gut umrühren, bis es keine Farbunterschiede mehr gibt, dann abkühlen lassen.

Mit dem Mixer die Crème fraîche möglichst steif schlagen und in kleinen Portionen unter die abgekühlte Mischung rühren.

Teegläser zu einem Drittel mit der Schokoladencreme und bis 1,5 cm unter den Rand mit der Frischkäsemischung füllen. Die Gläser in den Kühlschrank stellen und ein paar Stunden fest werden lassen.

Von dem Rührkuchen 16 Stücke von 1,5 cm abschneiden. Mit einem umgekehrten Teeglas 8 Scheiben und mit den Förmchen aus den übrigen Stücken 8 Sterne ausstechen. Die runden Scheiben auf den Frischkäse legen, darauf die Sterne, und das Ganze großzügig mit Zimt bestreuen.

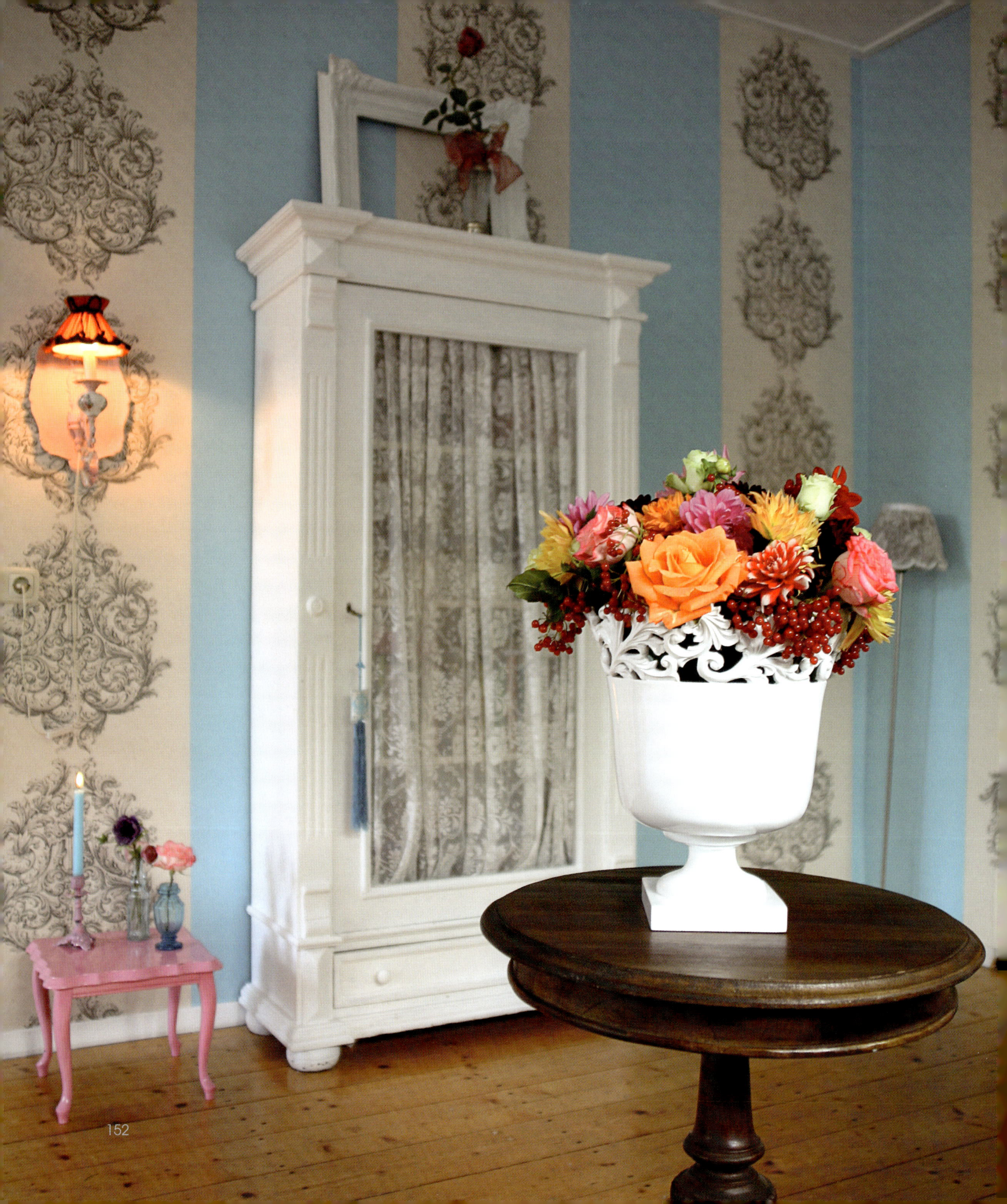

Eine winterweiße Einrichtung mit viel Trödel, alten Spitzen, Blumen und bunten Polkadots.

Der Mix aus Alt und Neu, zarten Pastellfarben und Grellrot und Tiefschwarz sowie delikater Spitze neben fröhlichen Punkten macht die Einrichtung spannend und persönlich. Überraschende Kombinationen sind Tassen und Untertassen aus feinem Porzellan mit Tellern und Schalen aus Plastik. Vintage-Gegenstände (antik oder im Retrolook) erhalten eine neue Funktion. Alles ist möglich und erlaubt in diesem Dolce-Vita-Wohnstil.

Stilmix in einem Winterhaus

Die Kontraste von Stil, Stimmung und Farben passen doch gut zusammen, wodurch das Haus eine ganz eigene und originelle Ausstrahlung hat. Es ist ein kreativer Mix mit einem zeitgemäßen Heimatgefühl.

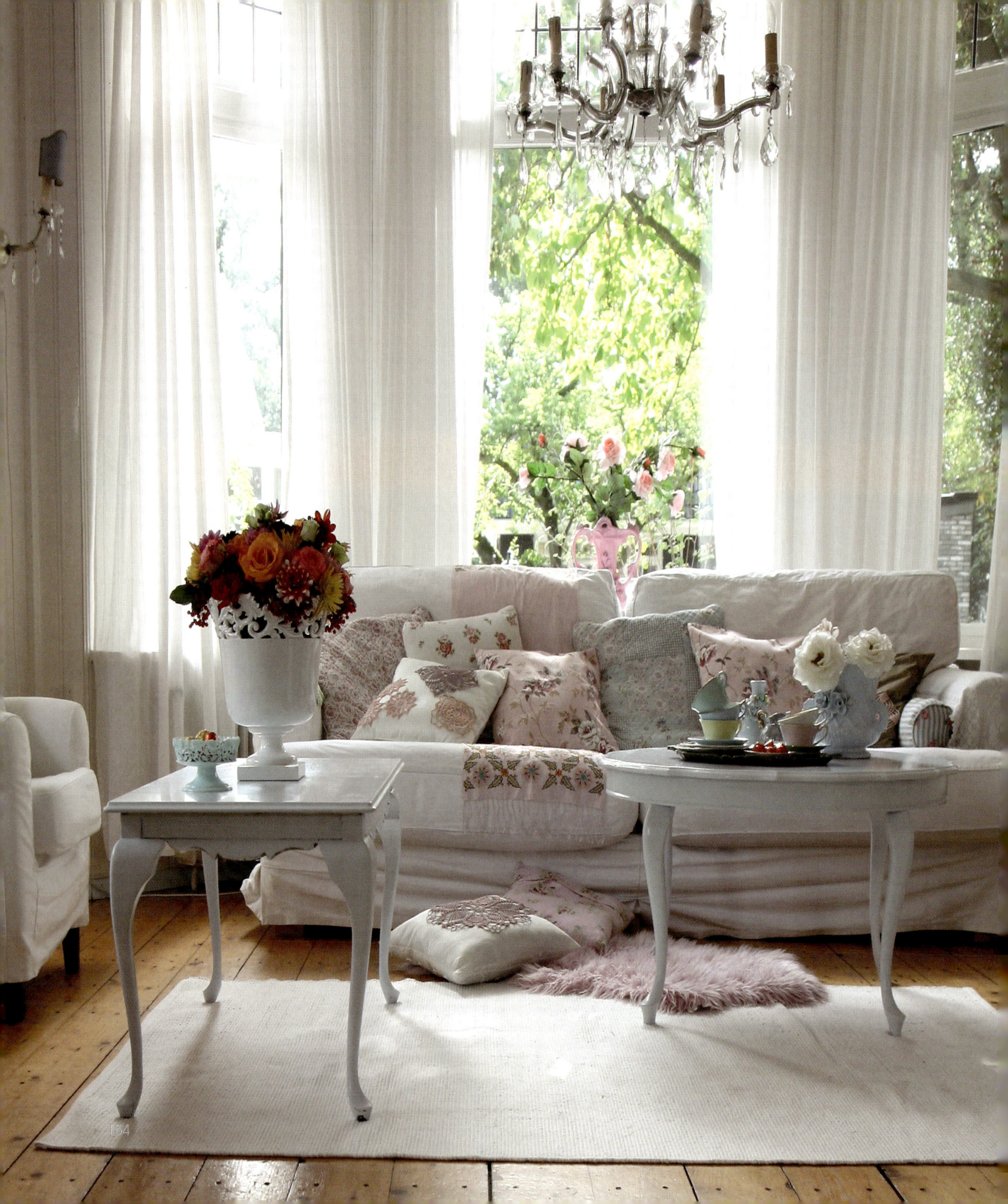

Ein fröhliches Familienhaus

In diesem Haus aus den 30er Jahren gibt es viele Fenster. Es ist so ein helles und auch im Winter sonniges Haus. Der schöne Lichteinfall im Wohnzimmer wird durch die Basis von weißen Möbeln, weißen Vorhängen und teilweise weißen Wänden verstärkt. Der alte Kiefernholzboden ist noch original und schön nachgedunkelt, was eine warme Ausstrahlung ergibt.

Ein Teppich aus weißer Baumwolle, viele Plaids und Kissen mit verschiedenen Mustern sorgen dafür, dass die Atmosphäre behaglich und ungezwungen ist.

Wenn man für die großen Möbelstücke und Vorhänge Weißtöne wählt, stehen einem bei den Accessoires alle Wege offen. Die bunte Kollektion von Blumen, Farben, Lampen und Kerzen kommt in dem klaren Weiß der Umgebung gut zur Geltung.

Eine originelle und praktische Idee ist es, in der großzügigen Sitzecke zwei Salontische zusammen zu stellen. Die antiken Tische, ein runder und ein rechteckiger, sind in einem hellblauen Farbton gestrichen. Indem man Tische mit verschieden Formen in derselben Farbe streicht, kreiert man Ruhe und Harmonie.

① Feine Plaids und viele Kissen schmücken das Sofa. Verschiedene Blumenmuster und Stickereien werden kombiniert. Einfache weiße Kissen werden mit Vintage-Spitzen verziert: schöne gehäkelte Deckchen in rosa und lila Farbtönen. ② Ein Blickfang auf dem Tisch ist der große Strauß mit Blumen in leuchtenden Farben in einer schneeweißen Kunststoffvase, ein extravaganter Kontrast, was Form (Barock) und Material (PVC) betrifft. Der Strauß besteht aus großen Rosen und Dahlien in Rot, Rosa, Orange, Gelb, Lila und Bordeaux. Um die Farbkombination besonders zu betonen, sind die Blumen dicht zusammengestellt. Weißgrüne Rosen und hier und da ein paar Zweige mit knallroten Beeren verleihen dem Strauß einen winterlichen Akzent. ③ Die grellrote Rose gehört zum Flamenco und spanischen Fiestas: temperamentvoll, feurig und ausgelassen. Extravagantes Rot ist immer festlich. ④ **Eigener Herd ist Goldes wert** An kühlen Wintertagen brennt der Holzofen. Die altmodische Wärme eines Ofens bringt Stimmung ins Haus. Die Wand hinter dem Ofen und der Kaminsims sind weiß mit schwarzen Polkadots tapeziert, und an beiden Seiten befinden sich Bahnen in Sorbetrosa. Die weiße Atmosphäre des Wohnzimmers wird mit der schwarzen Tupfenwand überraschend durchbrochen. Im Hintergrund ist gerade noch ein Stück der Wand zu sehen, die mit einer Ornamenttapete und türkisfarbenen Bahnen tapeziert ist. Der Schrank aus Kiefernholz und die Flurtür sind mit Kalkfarbe gestrichen. Diese Farbe ergibt einen Streifeneffekt, und die Holzmaserung bleibt sichtbar.

Zum Hegen und Pflegen

Antike Spitze und kunstvoll gehäkelte Deckchen in schönen Mustern gehören auf jeden Fall zum Vintage-Stil. Eine alte Handarbeitstechnik, die zu schön ist, um sie zu vergessen.

Die romantischen Deckchen eignen sich gut als Verzierung für Kissen und Sessel. Und einmal etwas ganz anderes: Das Bonbonschälchen aus Spitze.

Nötig:

1 Spitzendeckchen
Dekorationshärter
1 Plastik- oder Keramikschüssel (passend)
1 Farbpinsel

Arbeitsanleitung:

Mit einem groben Farbpinsel das Deckchen mit Dekorationshärter einschmieren. Das Deckchen in die Schüssel modellieren, eine Nacht trocknen lassen und dann die Form aus der Schüssel nehmen. Das geformte Deckchen ist jetzt hart, der Härter wird beim Trocknen durchsichtig, so dass die Farbe des Garns und das Muster gut sichtbar bleiben.

① Ein ovales rosa Spitzendeckchen hat eine neue Funktion als frivoles Schälchen für Marshmallows erhalten. ② Feurige rote Tupfen und Rüschen. Ein spanisches Tanzkleid aus Sevilla hängt für ein temperamentvolles Dezemberfest bereit. ③ **Neu und antik** Ein schönes Porzellanteeservice vom Flohmarkt in zarten antiken Farben mit Goldrand sieht sehr festlich auf dem Tisch aus. Die alte Barockvase ist in dazu passendem Zartblau besprüht und wieder völlig modern. ④ Auf dem Buffetschrank steht eine nette Sammlung von Tischlämpchen: groß, klein, geblümt, mit Schleifchen und mit oder ohne Schnörkel.

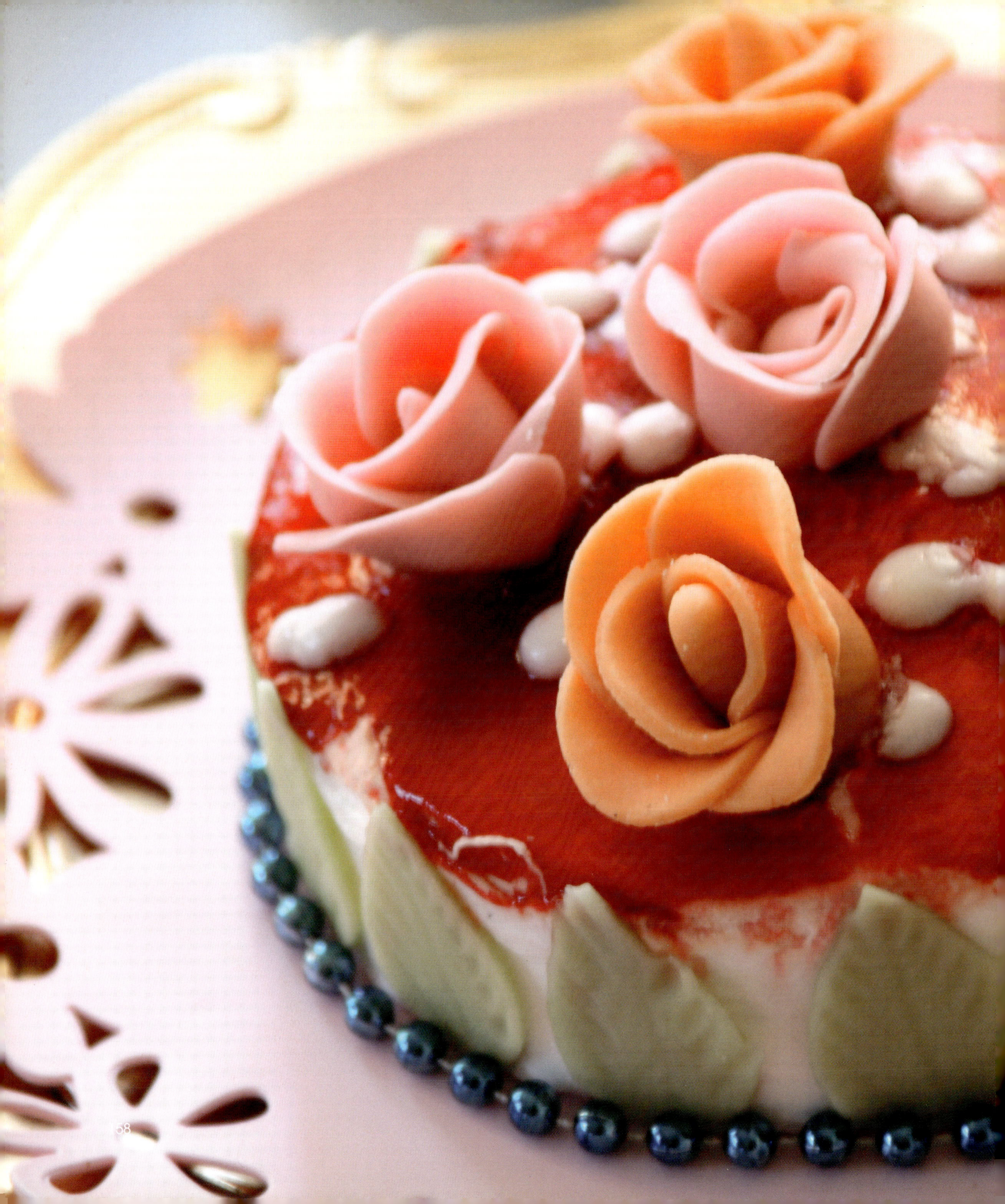

Rosentorte ✶

Zutaten für den Teig:
3 Eier
3 Esslöffel heißes Wasser
150 g Zucker
1 Päckchen Vanillezucker
150 g Mehl, gesiebt
3 gestrichene Teelöffel Backpulver

Zutaten für die Füllung:
1 Päckchen Vanille-
　Puddingpulver
4 Esslöffel Erdbeermarmelade
500 ml Milch
50 g Zucker

Für die Garnierung:
2 Päckchen weiße Glasur
einige Tropfen rote
　Lebensmittelfarbe
5 große Marzipanrosen in den
　Farben rosa und orange und
　grüne Blättchen (beim Konditor anfertigen lassen)

Zubereitung:

Den Ofen auf 200 °C vorheizen.

Die Eier und das heiße Wasser mit dem Mixer auf der höchsten Stufe schaumig schlagen.

Den Zucker und den Vanillezucker dazugeben und noch 2 Minuten rühren. Nach und nach das gesiebte Mehl und das Backpulver dazugeben und kurz auf der niedrigsten Stufe verrühren. Den Teig in eine eingefettete Springform (28 cm Durchmesser) geben, glatt streichen und die Torte 25 – 30 Minuten bei 175 °C backen.

Die Torte direkt nach dem Backen aus der Form lösen, umgekehrt auf einem Kuchengitter abkühlen lassen und einmal quer durchschneiden.

Den Pudding nach der Anleitung auf der Packung kochen, abkühlen lassen und zwischendurch umrühren.

Den unteren Tortenboden mit der Erdbeermarmelade bestreichen und den Pudding darauf verteilen. Den zweiten Boden darauflegen.

Die Glasur nach der Anleitung auf der Packung zubereiten. Die Hälfte davon mit der roten Lebensmittelfarbe verrühren.

Die Oberseite und den Rand der Torte mit der weißen Glasur bestreichen. Den Rand mit den Blättern bekleben. Die Glasur fest werden lassen und dann die Oberseite mit einer Schicht roter Glasur bestreichen. Mit einer Spritztüte weiße Tupfen auf die rot glasierte Oberfläche spritzen und die Torte mit den Marzipanrosen garnieren.

160